12과로 된 new

쑥 주니어 중국어

JPLUS
Language Publishing Co.

머리말

중국은 이제 더 이상 그 중요성을 강조하지 않아도 될 만큼 우리 앞에 가까이 다가와 있습니다. 1992년 8월 양국이 수교한지도 벌써 20년이 훌쩍 넘었으며 그동안의 교류 성과 역시 우리의 예상을 뛰어 넘고 있습니다. 그러나 더욱 중요한 것은 미래의 한국 발전을 위해 중국은 이제는 우리가 선택적으로 고려할 수 있는 대상이 아닌 필수적인 대상이 되었다는 데 있습니다.

중국은 지속적으로 추진한 개혁 개방의 성과를 바탕으로 명실상부한 경제 강국이 되었으며 자연스럽게 국제 정치적 지위도 상승해 이제는 미국과 어깨를 나란히 할 수 있는 세계의 중심 국가가 되었습니다. 이런 거대한 정치 경제적 실체를 이웃하고 있는 우리에게 중국은 기회이자 도전입니다.

이제 우리 앞에 놓여진 일은 이러한 중국을 어떻게 기회의 땅으로 만들 것인가 하는 데 있습니다. 그러기 위해서는 당연히 중국에 대한 기본적 이해가 선행되어야 할 것입니다. 한 국가를 이해하는 데 있어 가장 중요한 것은 우선 그들의 언어를 이해하는 것입니다. 언어에는 한 민족, 국가의 사상과 문화가 고스란히 담겨 있기 때문입니다.

언어는 해당 국가 현지에서 살지 않는 한 모국어 체계가 잡힌 후 바로 시작하는 것이 좋습니다. 이 책은 중국 이해의 첫 번째 단계로서 미래의 동량들에게 꼭 필요한 주니어 중국어 학습서입니다. 이 책을 지은 필자들은 집필 당시 한국외국어대학교 통역번역대학원 한중과 재학생들로 각자가 그동안 어린이 개인교습, 중학교 강의, 학원 강의 등을 통해 얻은 소중한 경험과 풍부한 언어적 지식을 바탕으로 저술한 것입니다. 특히 현실감 있고 생동감 있는 내용과 주제를 가지고 중국어에 대한 흥미를 유발시킬 수 있도록 기획이 되었기 때문에 중국어를 처음 접하는 학생들에게 좋은 길잡이가 될 것으로 확신합니다.

여러 사람의 정성이 깃든 이 책이 미래 중국과의 긍정적 교류에 이바지 할 수 있을 것을 믿어 의심치 않으며 중국어를 배우고자 하는 많은 어린이와 학생들에게 중국어와 친해질 수 있는 계기가 되기를 바랍니다.

한국외국어대학교 중국어통번역학과 교수 강 준 영

이 책의 구성

이 책의 대상은 주니어(초등학생이나 중학생)에 맞춰져 있지만, 중국어를 배우고자 하는 분이라면 누구나 쉽고 재미있게 배울 수 있도록 친근한 소재와 재미있고 현장감있는 삽화, 게임 등을 활용하였습니다. 이 책은 다음과 같이 구성하였습니다.

본문

학교나 일상생활에서 쉽게 접할 수 있는 여러 상황을 통하여 차근 차근 익힐 수 있도록 재미있는 삽화와 함께 구성하였습니다.

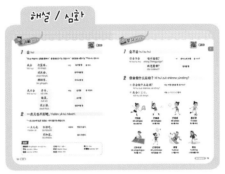

해설 / 심화

본문을 좀더 자세히 설명하고 예문을 제시하여 충분히 연습할 수 있도록 하였습니다. 반복해서 듣고 따라하다 보면 중국어가 저절로 입에서 나오는 효과를 볼 수 있습니다.

듣기

본문과 해설, 심화학습에서 배운 표현을 네이티브의 발음을 들으며 확인하는 부분입니다.

말하기

재미있는 연습문제와 활동을 통하여 자신의 것으로 소화하여 직접 말할 수 있게 하였습니다.

노래 / 챈트

신나게 박자에 맞추어 노래 또는 챈트를 따라 부르며 쉬어가도록 하였습니다.

문화

중국은 어떤 나라인지 가까운 이웃 중국에 대해 평소에 궁금했던 중국 문화를 담았습니다.

 MP3 무료 다운로드   QR코드 수록
본문, 해설, 심화학습, 듣기, 노래/챈트, 단어가 모두 들어 있습니다.

차례

5

제목	해설	심화학습
❶ **你会游泳吗?**	· 你会打篮球吗? 농구를 할 줄 아냐고 묻는 표현, 我会打篮球。처럼 대답한다. 会 ~할 줄 안다 / 不会 ~할 줄 모른다 · 一点儿也不好吃。 一点儿 조금 / 一点儿也+부정 조금도 ~하지 않다	· 会不会 ~할 줄 아냐고 묻는 표현(정반의문문) · 운동에 대한 말
❷ **你要做什么?**	· 你要做什么? 뭐 할 거냐고 묻는 표현, 我要去图书馆。처럼 대답한다. 要 ~하려고 한다, ~할 것이다 · 对不对? 사실을 확인하고 동의를 구할 때 쓰는 표현	· 我不想吃方便面。 不想 ~하고 싶지 않다(要의 부정표현) · 以后 ~한 후에
❸ **我想喝可乐。**	· 我想喝可乐。 想 ~하고 싶다 · 这是我的。 여기에서 쓰인 的는 '~의 것'이란 뜻	· 我不想吃饼干。 不想 ~하고 싶지 않다(要의 부정표현) · 맛에 대한 말 甜 달다 / 辣 맵다 / 酸 시다 / 咸 짜다 / 苦 쓰다 / 油腻 기름지다
❹ **明天天气怎么样?**	· 今天天气怎么样? 날씨가 어떻냐고 묻는 표현 · 别 ~하지 마라는 뜻, 别 대신 不要를 쓸 수 있다	· 날씨에 관한 표현 晴天 맑은 날씨 / 阴天 흐린 날씨 / 下雪 눈이 오다 / 有雾 안개가 끼다 / 刮风 바람 이 불다 / 下雨 비가 오다 · 계절과 날씨 春 봄 / 夏天 여름 / 秋天 가을 / 冬天 겨울
❺ **请你帮我一下儿。**	· 请 请 은 부탁하거나 요청할 때 쓴다. · 一下儿 한번 ~해 보다	· 请你帮我一下儿。 请你帮我一下儿。는 '저를 좀 도와주세요.' 라는 뜻으로 예의를 갖춰 부탁하거나 요청 할 때 쓴다. · 不用 ~할 필요 없다
❻ **你想去明洞,** **还是去仁寺洞?**	· A还是B? A인지 아니면 B인지 묻는 표현으로 A와 B 중 하 나를 선택하여 대답한다. · 你什么时候睡觉? 什么时候 언제	· 동사의 구분 坐 + 교통수단 / 骑 + 교통수단 走路 / 去 + 장소 · 听说 듣자 하니

제목	해설	심화학습
❼ 请问，地铁站 怎么走?	• 怎么走? 길을 물을 때 쓰는 표현 • 离 '~로부터, ~에서'라는 뜻(뒤에 장소나 시간 명사가 온다)	• 在哪儿? 어디에 있는지 위치를 묻는 표현 • 사물 이름 익히기 前 / 后 앞/뒤, 左 / 右 왼쪽/오른쪽, 上 / 下 위/아래, 里 / 外 안/밖, 东 / 西 / 南 / 北 동/서/남/북
❽ 我可以进去吗?	• 我可以进去吗? 可以 ~해도 된다, 괜찮다(허가) 긍정의 대답은 可以 / 行으로 부정의 대답은 不可以 / 不行으로 한다. • 你在做什么呢? 正在(正, 在~呢) 지금 ~하고 있는 중이다	• 可不可以 정반의문문 • 进去 / 进来 进去 내가 밖에서 안으로 들어가는 것 进来 상대가 밖에서 안으로 들어오는 것
❾ 你弟弟比你高!	• 你弟弟比你高! A比B + 형용사 A가 B보다 ~하다 • 他比我大两岁。 A比B + 형용사 + 수량 A가 B보다 (수량)만큼 ~하다 * 비교문에서는 很이나 太를 쓰지 않는다.	• 我没有他高。 他比我高。는 我没有他高。처럼 말할 수 있다. • 高 / 矮 크다/작다, 大 / 小 나이가 많다/나이가 어리다, 贵 / 便宜 비싸다/싸다
❿ 你明天能不能 来我家?	• 我能吃辣的。 能 ~할 수 있다 不能 ~할 수 없다 能~吗, 能不能 ~할 수 있니? • 为什么 왜냐고 묻는 표현, 因为~ 하고 대답한다.	• 从 A 到 B A에서 B까지 범위를 나타낸다. • 跟 跟 '~와, ~에게'라는 뜻, 跟~一起의 형태로 많이 쓰인다.
⓫ 你有空儿的时候 干什么?	• 有的时候~, 有的时候~ '어떤 때는~, 어떤 때는~'라는 뜻으로 有时候라고 쓸 수 있다. • 只有~才 ~해야만 비로소 ~이다	• 为了 '~를 위하여'라는 뜻으로 목적을 나타낸다. • 让 ~에게 ~을 시키다, ~하도록 하다
⓬ 我看了很多动物。	• 给我看看 看看은 看에 비해 뜻이 가벼워져서 '한번 ~보다'의 뜻이 된다. • 给 ~에게	• 我看了很多动物。 了는 동사 뒤에서 과거의 뜻을 나타낸다. 과거를 부정할 때는 동사 앞에 没有를 붙이고, 了는 뺀다. • 你买了铅笔没有? '동사 + 了 + (목적어) + 没有'의 형식으로 물을 수 있다.

❶ 你好!

- 다양한 인사말 你们好！/ 早上好！/ 大家好！/ 老师好！
- 你叫什么名字? 이름을 묻는 표현
- 您贵姓? 어른에게 성을 묻는 표현(您은 你의 높임말)

❷ 你是韩国人吗?

- 是 ～이다 / 不是 ～이 아니다
- 吗 ～입니까? / 哪 어느
- 나라 이름 + 人 ～나라 사람
  韩国 / 中国 / 美国 / 日本

❸ 你家有几口人?

- 你家有几口人? 가족이 몇 명인지 묻는 표현
- 有 ～ 있다 / 没有～ 없다
- 几 10 이하의 숫자를 물어볼 때 쓰는 표현
- 1～10까지 숫자 익히기

❹ 这是什么?

- 这 이것(가까운 사물) / 那 저것(멀리 있는 사물)
- 的 ～의(소유)
- 谁 누구

❺ 你今年多大了?

- 你今年多大了? 나이를 묻는 표현
- 今年 前年 / 去年 / 今年 / 明年 / 后年
- 100이상의 숫자 세는 법
- 呢 ～는요? / 也 ～도, 또한

❻ 今天几月几号?

- 今天几月几号? 날짜를 묻는 표현
- 今天 前天 / 昨天 / 明天 / 后天
- 요일 星期一 / 星期二 / 星期三 / 星期四 / 星期五 / 星期六 / 星期天

❼ 你去哪儿?

- 장소 이름 朋友家 / 洗手间 / 书店 / 网吧 / 文具店 / 教室 / 银行 / 学校 / 超市 / 邮局
- 在 ～에 있다 / 不在 ～에 없다
- 这儿 / 那儿 / 哪儿

❽ 现在几点?

- 现在几点? 몇 시인지 묻는 표현
- 点 ～시 / 分 ～분
- 差 ～전 / 刻 15 분 / 半 30분
- 快~吧 빨리 ～하자

❾ 喂，您好!

- 喂 여보세요(전화할 때 처음 하는 말)
- 一会儿 잠시, 잠깐
- 你的电话号码是多少? 전화번호를 물을 때 쓰는 표현
- 전화에서 자주 쓰는 표현

❿ 多少钱?

- 要 원하다, ～하려고 하다
- 중국의 화폐단위 块 / 毛 / 分
- 양사 个 / 杯 / 本
- 两 两点 / 两个 / 两块 / 两天 / 两个月

⓫ 你喜欢什么?

- 喜欢 좋아하다
- 색깔 蓝色 / 红色 / 白色 / 黑色 / 粉红色 / 天蓝色 / 豆绿色 / 灰色 / 黄色 / 紫色 / 橘黄色 / 绿色

⓬ 你忙不忙?

- 忙不忙 忙(긍정) + 不忙(부정)의 정반의문문
  (有没有, 是不是)
- 太~了 너무~하다
- 一起~吧 같이 ～하자

NEW 쑥쑥 주니어 중국어 3권 학습 내용

① 你想给她什么礼物?
- 给 ~에게 ~을 주다 送给 / 借给 / 寄给
- 去+동사 ~하러 가다
- 헤어질 때 인사말

② 我来晚了。
- 来晚 晚은 来 뒤에서 동작의 결과를 보충해 준다(결과보어)
  说好 / 做好 / 吃好 / 学好 / 看到 / 听到 / 收到 / 找到
- 才 이제서야, 비로소
- 快~了 곧 ~ 하다

③ 祝你生日快乐!
- 不A不B A도 B도 아니고 적당하다
- 有点儿 조금, 약간
- 반대되는 말
- 축복하는 말 祝你~

④ 你吃过中国饺子吗?
- 동사+过 ~한 적이 있다(과거의 경험)
- 没+동사+过 ~한 적이 없다
- 如果~, 就~ 만약 ~라면, ~이다
- 差不多 비슷하다, 별 차이 없다
- A跟B一样 A와 B가 같다

⑤ 谁跑得快?
- 觉得 ~라고 여기다, 느끼다
- 跑得快 빨리 달린다(정도보어)
- 他回答得对不对? / 他回答得不对。
- ~得很 ~한 정도가 심하다

⑥ 好是好, 可是太贵了。
- A是A, 可是~ A하긴 한데, ~하다
- 又A又B A하기도 하고 B하기도 하다
- 怎么卖? 어떻게 팔아요?
- 打八折 20% 할인
- 물건 살 때 자주 쓰는 표현

⑦ 风景怎么这么美!
- 一A就B A하자마자 곧 B하다
- 除了A以外, 还/也~ A이외에 더 ~하다
- 성어 名不虚传 / 对牛弹琴 / 如鱼得水 / 与众不同
- 从来 지금까지
- 怎么这么 어쩜 이렇게

⑧ 看不见黑板上的字。
- 看得见 볼 수 있다 / 看不见 볼 수 없다(가능보어)
- 동사+得了/不了
- 越~ 越~ ~하면 할수록 ~하다
- 정도보어와 가능보어 비교

⑨ 你哪儿不舒服?
- 好像 마치 ~같다
- 증상 头疼 / 肚子疼 / 冒冷汗 / 发烧 / 咳嗽 / 嗓子疼
- 처방 打针 / 吃药 / 打点滴 / 量体温 / 看病 / 住院
- 才와 就 비교

⑩ 你以后想当什么?
- A或者B A나 B 둘 중의 하나
- 不管~都/也 ~에 상관없이, 관계없이
- 여러 가지 직업 律师 / 空中小姐 / 总统 / 医生 / 警察 /
  公司职员 / 画家 / 服装设计师 / 演员
- 着 ~하고 있다(지속)

⑪ 明天你打算做什么?
- 打算 ~할 계획이다
- 又 또, 다시
- 每次 매번 ~때마다
- 只是~而已 단지 ~일 뿐이다

⑫ 不是吃月饼, 而是吃饺子。
- 不但~, 而且~ ~일 뿐만 아니라 ~도
- 不是~, 而是~ ~이 아니고 ~이다
- 东西 각종 물건, 음식을 가리키는 말
- 새해에 할 수 있는 말

1
dì yī kè

你会游泳吗?

美娜　　你会游泳吗?
Měinà　　Nǐ huì yóuyǒng ma?

阿龙　　一点儿也不会。
Ālóng　　Yìdiǎnr yě bú huì.

美娜　　那你会什么运动?
Měinà　　Nà nǐ huì shénme yùndòng?

阿龙　　我会打篮球。
Ālóng　　Wǒ huì dǎ lánqiú.

生词

- 会 huì ~할 줄 안다
- 游泳 yóuyǒng 수영하다
- 一点儿 yìdiǎnr 조금
- 也 yě ~도
- 那 nà 그러면, 그렇다면
- 运动 yùndòng 운동
- 打 dǎ (놀이, 운동을)하다
- 篮球 lánqiú 농구

1 会 huì

「会」는 학습이나 경험을 통해서 '~을 할 줄 안다'는 뜻입니다. '~을 할 줄 모른다'는 「不会」라고 합니다.

我会 Wǒ huì	打篮球。 dǎ lánqiú.	나는	농구를 할	줄 안다.
	说汉语。 shuō Hànyǔ.		중국어를 할	
	弹钢琴。 tán gāngqín.		피아노를 칠	

我不会 Wǒ bú huì	开车。 kāi chē.	나는	운전할	줄 모른다.
	做菜。 zuò cài.		요리할	
	说日语。 shuō Rìyǔ.		일본어를 할	

2 一点儿也不好吃。 Yìdiǎnr yě bù hǎochī.

「一点儿也+부정」은 '조금도 ~하지 않다'는 뜻입니다.

一点儿也 Yìdiǎnr yě	不好吃。 bù hǎochī.	조금도	맛있지 않다.
	不知道。 bù zhīdào.		알지 못한다.

生词

弹钢琴 tán gāngqín 피아노를 치다
开车 kāi chē 운전하다
做菜 zuò cài 요리하다

日语 Rìyǔ 일본어
好吃 hǎochī 맛있다
知道 zhīdào 알다

跳 tiào 뛰다
芭蕾舞 bālěiwǔ 발레

 03

1 会不会 huì bu huì

你会不会
Nǐ huì bu huì

唱中国歌?
chàng Zhōngguógē?

跳芭蕾舞?
tiào bālěiwǔ?

너   중국 노래 부를   줄 아니?

발레를 할

2 你会做什么运动? Nǐ huì zuò shénme yùndòng?

Ⓐ 你会做什么运动?
Nǐ huì zuò shénme yùndòng?

너는 어떤 운동을 할 줄 아니?

Ⓑ 我会打篮球。
Wǒ huì dǎ lánqiú.

나는 농구를 할 줄 알아.

打网球
dǎ wǎngqiú
테니스를 치다

打棒球
dǎ bàngqiú
야구를 하다

打排球
dǎ páiqiú
배구를 하다

踢足球
tī zúqiú
축구를 하다

打乒乓球
dǎ pīngpāngqiú
탁구를 치다

打羽毛球
dǎ yǔmáoqiú
배드민턴을 치다

滑雪
huáxuě
스키를 타다

滑冰
huábīng
스케이트를 타다

你会游泳吗? 13

1 잘 듣고 그림을 보면서 질문에 답하세요.

❶
• 취미: 요리
• 특기: 농구, 축구
• 못하는 운동: 수영, 탁구

❷

• 취미: 피아노
• 특기: 발레
• 할 수 있는 외국어:
　영어, 중국어

2 대화를 잘 듣고 미나와 아롱이 할 수 있는 운동에 동그라미 하세요.

说话

1 운동과 취미활동의 이름을 익히고, 어떤 운동을 할 수 있는지 묻고 대답해 보세요. 부록의 만들기를 활용하여 게임을 해 보세요. 부록 ✂

弹钢琴
tán gāngqín

下围棋
xià wéiqí

写汉字
xiě Hànzì

打乒乓球
dǎ pīngpāngqiú

打跆拳道
dǎ táiquándào

打保龄球
dǎ bǎolíngqiú

打篮球
dǎ lánqiú

踢足球
tī zúqiú

❶ Ⓐ 你会不会 ⬚ ?

Ⓑ 会，很喜欢。

Ⓐ 你会不会 ⬚ ?

Ⓑ 一点儿也不会。

❷ Ⓐ 你会做什么运动?

Ⓑ ⬚ 。

Ⓐ 你不会做什么运动?

Ⓑ ⬚ 。

生词

下围棋 xià wéiqí 바둑을 두다　　汉字 Hànzì 한자　　跆拳道 táiquándào 태권도
写 xiě 쓰다　　打保龄球 dǎ bǎolíngqiú 볼링을 치다

你会游泳吗? 15

05

我会

会，你会游泳吗？
Huì, nǐ huì yóuyǒng ma?

不会，我不会游泳。
Bú huì, wǒ bú huì yóuyǒng.

那你会做什么运动？
Nà nǐ huì zuò shénme yùndòng?

我会打篮球。
Wǒ huì dǎ lánqiú.

할 수 있어? 너 수영할 수 있어?
할 수 없어. 나 수영할 줄 몰라.
그럼 너 무슨 운동 할 줄 알아?
난 농구를 할 줄 알아.

会，你会打棒球吗？
Huì, nǐ huì dǎ bàngqiú ma?

不会，我不会打棒球。
Bú huì, wǒ bú huì dǎ bàngqiú.

那你会做什么运动？
Nà nǐ huì zuò shénme yùndòng?

我会踢足球。
Wǒ huì tī zúqiú.

할 수 있어? 너 야구할 수 있어?
할 수 없어. 나 야구할 줄 몰라.
그럼 너 무슨 운동 할 줄 알아?
난 축구를 할 줄 알아.

종이 공예, 지엔즈

지엔즈(剪紙 jiǎnzhǐ)란 종이를 오려서 여러 가지 모양을 만드는 공예를 말해요. 주로 칼이나 가위를 사용하는데, 모양으로는 사람이나 동물, 물고기에서부터 꽃, 풍경, 글씨에 이르기까지 매우 다양해요. 대개 붉은색 종이를 사용하는데, 요즘은 그 위에 다른 색을 칠하기도 한대요.

지엔즈는 주로 문, 창문, 등, 기둥 등에 붙이는데, 음식점에 가면 벽이나 창문에 붙어 있는 것을 자주 볼 수 있어요. 운이 좋아진다고 해서 설날같은 명절이나 생일, 결혼식 때 많이 붙여요. 지엔즈는 종이 한 장으로 만들기 때문에, 자세히 보면 선과 선이 끊어지지 않고 모두 이어져 있답니다. 매우 정교하고 손이 많이 가는 작업이기 때문에 어떤 것은 작품 하나 만드는 데 며칠씩 걸리기도 한다고 해요. 부록 ✂

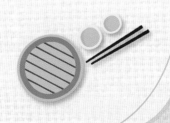

你要做什么?

阿龙 Ālóng	下课以后,你要做什么? Xià kè yǐhòu, nǐ yào zuò shénme?
美娜 Měinà	我要去图书馆。 Wǒ yào qù túshūguǎn.
阿龙 Ālóng	你要做作业,对不对? Nǐ yào zuò zuòyè, duì bu duì?
美娜 Měinà	对,还要借一本小说。 Duì, hái yào jiè yì běn xiǎoshuō.

生词

要 yào ~할 것이다
做 zuò ~하다
下课 xià kè 수업을 마치다
以后 yǐhòu ~한 후에
做作业 zuò zuòyè 숙제를 하다
对 duì 맞다
还 hái 또, 더
借 jiè 빌리다
本 běn 권(책을 세는 양사)
小说 xiǎoshuō 소설

  🎧 07

1 要 yào

「要」는 '~하려고 한다, ~할 것이다'는 뜻입니다. 이때의 「要」는 '원하다'라는 뜻의 동사가 아니라 동사 앞에 오는 조동사입니다.

你要做什么?
Nǐ yào zuò shénme?
너 뭐 할 거니?

我要去看演唱会。
Wǒ yào qùkàn yǎnchànghuì.
난 콘서트에 갈 거야.

＊玩儿电子游戏
wánr diànzǐ yóuxì

你要喝什么?
Nǐ yào hē shénme?
뭐 마실래?

我要喝牛奶。
Wǒ yào hē niúnǎi.
난 우유 마실래.

＊橙汁
chéngzhī

2 对不对 duì bu duì?

「对不对?」는 '맞지?'라는 뜻으로 자신이 알고 있는 사실을 확인하고 동의를 구할 때 쓰는 표현입니다.

你想出去玩儿, 　　对不对?
Nǐ xiǎng chūqù wánr, 　duì bu duì?

你不想做作业,
Nǐ bù xiǎng zuò zuòyè,

你喜欢中国菜,
Nǐ xǐhuan Zhōngguócài,

너 나가서 놀고 싶지, 　맞지?

너 숙제하기 싫지,

너 중국 음식 좋아하지,

生词

玩儿 wánr (놀이, 게임을)하다　　演唱会 yǎnchànghuì 콘서트
电子游戏 diànzǐ yóuxì 전자오락

1 不想 bù xiǎng

「要」의 부정 표현은 「不要」가 아니라 「不想」입니다.

Ⓐ 你要吃方便面吗?
　Nǐ yào chī fāngbiànmiàn ma?　　　　　라면 먹을래?

Ⓑ 我不想吃方便面。
　Wǒ bù xiǎng chī fāngbiànmiàn.　　　　라면 먹고 싶지 않아.

Ⓐ 你现在要去图书馆吗?
　Nǐ xiànzài yào qù túshūguǎn ma?　　　너 지금 도서관에 갈 거니?

Ⓑ 我现在不想去图书馆。
　Wǒ xiànzài bù xiǎng qù túshūguǎn.　　난 지금 도서관에 가고 싶지 않아.

2 以后 yǐhòu

下课	以后，你要做什么?	수업 끝난	후에, 너 뭐 할 거니?
Xià kè	yǐhòu,　nǐ yào zuò shénme?		

吃午饭
Chī wǔfàn　　　　　점심 식사

半个小时	以后，他就回来。	30분	후에, 그는 돌아온다.
Bàn ge xiǎoshí	yǐhòu,　tā jiù huílái.		

两个星期
Liǎng ge xīngqī　　　　2주일

生词

方便面 fāngbiànmiàn 라면	小时 xiǎoshí 시간	回来 huílái 돌아오다
午饭 wǔfàn 점심 식사	就 jiù 곧	

  09

1 대화를 잘 듣고 일이 일어난 순서에 따라 빈칸에 번호를 쓰세요.

❶

ⓐ   ⓑ   ⓒ   ⓓ

☐ → ☐ → ☐ → ☐

❷

ⓐ   ⓑ   ⓒ   ⓓ

☐ → ☐ → ☐ → ☐

生词

上网 shàng wǎng 인터넷을 하다

说话 말하기

🍀 아래의 활동을 통해서 「我要/不想~」 문장을 연습합니다.

1 보기처럼 짝과 묻고 대답하면서 화살표를 따라 가 보세요.

你要跳舞吗?
Yes 我要跳舞。
No 我不想跳舞。

2 1번 연습 후에 짝이 무엇을 하고 싶어하고, 무엇을 하고 싶어하지 않는지 중국어로 소개해 주세요.

他/她 要 ~

他/她 不想 ~

 10

你要做什么?

你要做什么?
Nǐ yào zuò shénme?

我要吃午饭。
Wǒ yào chī wǔfàn.

吃午饭以后，你要做什么?
Chī wǔfàn yǐhòu, nǐ yào zuò shénme?

我要去网吧。 你也一起去吧。
Wǒ yào qù wǎngbā. Nǐ yě yìqǐ qù ba.

对不起。我不想去网吧。
Duìbuqǐ.　Wǒ bù xiǎng qù wǎngbā.

뭐 할래?
난 점심 먹을래.
점심 먹고 뭐 할 거야?
나 피씨방 갈 거야. 너도 같이 가자.
미안해. 나는 피씨방에 가고 싶지 않아.

중국의 '쟈지앙미엔'

중국에도 자장면이 있어요. 쟈지앙미엔(炸酱面 zhájiàngmiàn)이라고 하는데, 우리나라의 자장면과는 조금 달라요. 쟈지앙미엔은 면과 약간의 소스 그리고 각종 야채가 들어 있는데, 각자 입맛에 맞게 소스와 야채를 넣어 비벼 먹어요. 소스의 경우 우리나라와는 달리 매우 조금 나오는데, 아주 짜기 때문에 조금씩 넣어가며 비벼야 해요. 우리나라의 자장면은 중국 산둥성에서 한국으로 건너온 화교들이 한국인의 입맛에 맞게 바꾸었기 때문에 원래의 맛과 달라졌어요. 춘장의 색이 더 검고 맛은 더욱 달콤해졌어요. 요즘에는 오히려 한국식 자장면이 중국에서도 인기가 있다고 해요.

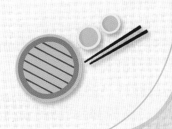

3

我想喝可乐。

美娜　我有巧克力，你想吃吗？
Měinà　Wǒ yǒu qiǎokèlì, nǐ xiǎng chī ma?

阿龙　我不想吃，我不喜欢吃甜的。
Ālóng　Wǒ bù xiǎng chī, wǒ bù xǐhuan chī tián de.

美娜　现在你想吃什么？
Měinà　Xiànzài nǐ xiǎng chī shénme?

阿龙　现在口渴，我想喝可乐。
Ālóng　Xiànzài kǒu kě, wǒ xiǎng hē kělè.

生词

想 xiǎng ~하고 싶다
喝 hē 마시다
可乐 kělè 콜라
巧克力 qiǎokèlì 초콜릿
吃 chī 먹다
甜的 tián de 단 것
口渴 kǒu kě 목마르다

26 第三课

  12

1 想 xiǎng

「想」은 '~하고 싶다'는 뜻으로, 여기서는 조동사로 쓰였습니다.

我想喝可乐。　　　　콜라를 마시고 싶어.
Wǒ xiǎng hē kělè.

> 你想什么?
> (너 무슨 생각하니?)
> 여기에서 쓰인想은 '생각하다'라는
> 뜻의 동사입니다.

吃巧克力
chī qiǎokèlì

看电影
kàn diànyǐng

听音乐
tīng yīnyuè

2 甜的 tián de

「甜的」는 '단 것'이라는 뜻이고, 「~的」는 '~의 것'이라는 뜻입니다.

Ⓐ 这是谁的?　　　　　이것은 누구의 것입니까?
Zhè shì shéi de?

Ⓑ 这是　　我的。　　　이것은　나의 것　　입니다.
Zhè shì　wǒ de.

　　　　我妈妈的。　　　　　나의 엄마의 것
　　　　wǒ māma de.

　　　　她的。　　　　　　그녀의 것
　　　　tā de.

　　　　我们的。　　　　　우리의 것
　　　　wǒmen de.

  13

1 不想 bù xiǎng

「不想」은 「想」의 부정 표현으로 '~하고 싶지 않다'는 뜻입니다.

我不想	吃饼干。	과자 먹고	싶지 않아.
Wǒ bù xiǎng	chī bǐnggān.		
	喝牛奶。	우유를 마시고	
	hē niúnǎi.		

2 맛에 대한 말

我喜欢吃	甜的。	나는	단 것	을 좋아해.
Wǒ xǐhuan chī	tián de.			
	辣的。		매운 것	
	là de.			
	酸的。		신 것	
	suān de.			

我不喜欢吃	咸的。	나는	짠 것	을 좋아하지 않아.
Wǒ bù xǐhuan chī	xián de.			
	苦的。		쓴 것	
	kǔ de.			
	油腻的。		기름진 것	
	yóunì de.			

生词

| 饼干 bǐnggān 과자 | 酸 suān 시다 | 苦 kǔ 쓰다 |
| 辣 là 맵다 | 咸 xián 짜다 | 油腻 yóunì 기름지다, 느끼하다 |

听力 듣기

1 대화를 잘 듣고 질문에 답하세요.

❶ 미나가 먹고 싶어하는 것에 동그라미 하세요.

☐ ☐ ☐ ☐

❷ 미나가 좋아하는 맛과 싫어하는 맛을 골라 동그라미 하세요.

喜欢　甜的　辣的　酸的　咸的　　不喜欢　甜的　辣的　酸的　咸的

2 잘 듣고 보기를 참고하여 빈칸에 알맞은 말을 써 넣으세요.

Ⓐ 我们 ☐ ☐ 打篮球吧！

Ⓑ 我 ☐ ☐ 打篮球。

Ⓐ 为什么？

Ⓑ 我 ☐ ☐ ☐ 打篮球。

Ⓐ 那你现在 ☐ ☐ ☐ ☐ ？

Ⓑ 我 ☐ ☐ ☐ 。

힌트

睡觉　　想

一起　　喜欢

什么　　不

做

生词

为什么 wèishénme 왜

说话 말하기

🍀 맛에 대한 말과 「~的」의 문장을 익히고 「想」을 활용해서 문장을 만드는 연습을 합니다.

3

1 그림에 맞게 문장을 연결하여 완성하세요.

1. 弟弟不喜欢吃

2. 阿龙不喜欢吃

3. 美娜喜欢吃

4. 妹妹不喜欢吃

苦的   酸的   甜的   辣的

2 다음 그림을 보고, 빈칸에 알맞은 말을 넣어 말해 보세요.

보기

睡觉 shuìjiào 자다
喝水 hē shuǐ 물을 마시다
渴 kě 목마르다
累 lèi 피곤하다
困 kùn 졸리다
休息 xiūxi 쉬다

美娜很 _____ 。   阿龙很 _____ 。

美娜很想 _____ 。   阿龙很想 _____ 。

我想喝可乐。 31

酸，甜，苦，辣

酸，甜，苦，辣，咸，油腻。x2
Suān, tián, kǔ,　là,　xián, yóunì.

我想吃甜的(辣的)，　你呢？
Wǒ xiǎng chī tián de(là de), nǐ ne?

我不想吃，　我不喜欢吃甜的(辣的)。
Wǒ bù xiǎng chī, wǒ bù xǐhuan chī tián de(là de).

那你想吃什么？
Nà nǐ xiǎng chī shénme?

我很口渴，　想喝可乐(橙汁)。
Wǒ hěn kǒu kě, xiǎng hē kělè(chéngzhī).

시다, 달다, 쓰다, 맵다, 짜다, 기름지다. x2
나는 단 것(매운 것) 먹고 싶어, 너는?
나는 안 먹고 싶어, 나는 단 거(매운 거) 안 좋아해.
그럼 넌 뭐 먹고 싶어?
나는 목이 말라, 콜라(오렌지주스) 마시고 싶어.

훈툰

만터우

중국인들은 대부분 간단하게 아침 식사를 하는데, 밖에서 해결하는 사람이 많아 아침이 되면 길가에 간단한 먹거리를 파는 노점들이 많아져요. 보통의 식당에서도 아침 식사용 메뉴를 따로 내놓는 경우가 많아서 저렴하면서도 간단하게 아침 식사를 할 수 있어요.

여우티아오

훈툰 (馄饨 húntún): 마치 우동 국물에 작은 만두들이 들어가 있는 것과 비슷한데, 국물이 맑고 시원해요.

쩌우 (粥 zhōu): 우리나라의 죽과 같아요.

떠우지앙 (豆酱 dòujiāng): 콩물로 두유와 비슷해요.

여우티아오 (油条 yóutiáo): 밀가루 반죽을 길게 해서 튀긴 것이에요.

만터우 (馒头 mántou): 속에 아무것도 들어 있지 않은 밀가루빵이에요.

빠오즈 (包子 bāozi): 우리나라의 왕만두와 비슷해요.

지아오즈 (饺子 jiǎozi): 우리나라의 물만두와 비슷해요.

明天天气怎么样?

美娜　妈，明天天气怎么样?
Měinà　Mā, míngtiān tiānqì zěnmeyàng?

妈妈　明天? 明天有什么事儿吗?
māma　Míngtiān? Míngtiān yǒu shénme shìr ma?

美娜　我明天去春游。
Měinà　Wǒ míngtiān qù chūnyóu.

妈妈　啊，你别担心。
māma　À, nǐ bié dānxīn.

天气预报说，明天晴天。
Tiānqì yùbào shuō, míngtiān qíngtiān.

美娜　太好了!
Měinà　Tài hǎo le!

生词

天气 tiānqì 날씨
怎么样 zěnmeyàng 어떠니? 어떻습니까?
事儿 shìr 일, 사건
春游 chūnyóu 봄소풍
别 bié ～하지 마라
担心 dānxīn 걱정하다, 염려하다
天气预报 tiānqì yùbào 일기예보
晴天 qíngtiān 맑은 날씨

 17

1 今天天气怎么样？ Jīntiān tiānqì zěnmeyàng?

「今天天气怎么样?」은 '오늘 날씨 어때?' 하고 묻는 말이고, 「怎么样」은 어떠하냐?'라는 뜻입니다.

Ⓐ 今天天气怎么样?   오늘 날씨가 어떠니?
Jīntiān tiānqì zěnmeyàng?

Ⓑ 今天很冷。   오늘은 추워.
Jīntiān hěn lěng.

热
rè

凉快
liángkuài

暖和
nuǎnhuo

2 别 bié

「别」는 '~하지 마라'는 뜻입니다. 「别」 대신 「不要」를 쓸 수 있습니다.

别 Bié	迟到。 chídào.	(= 不要迟到。) Bú yào chídào.	지각하지	마라.
	难过。 nánguò.	(= 不要难过。) Bú yào nánguò.	괴로워하지	
	哭。 kū.	(= 不要哭。) Bú yào kū.	울지	

生词

冷 lěng 춥다
热 rè 덥다
凉快 liángkuài 선선하다, 시원하다

暖和 nuǎnhuo 따뜻하다
不要 bú yào ~하지 마라
迟到 chídào 지각하다

难过 nánguò 괴로워하다
哭 kū 울다

4

1 天气预报说, Tiānqì yùbào shuō,

「天气预报说,」는 '일기예보에서 말하길~'이라는 뜻입니다.

天气预报说，明天晴天。
Tiānqì yùbào shuō, míngtiān qíngtiān.

일기예보에서 내일 맑다고 하더라.

阴天
yīntiān

下雪
xià xuě

有雾
yǒu wù

刮风
guā fēng

2 春天很暖和。Chūntiān hěn nuǎnhuo.

春天很暖和。
Chūntiān hěn nuǎnhuo.

봄은 따뜻하다.

暖 和

春天
chūntiān

热

夏天
xiàtiān

凉 快

秋天
qiūtiān

冷

冬天
dōngtiān

生词

阴天 yīntiān 흐린 날씨
下雪 xià xuě 눈이 내리다
有雾 yǒu wù 안개가 끼다

刮风 guā fēng 바람이 불다
春天 chūntiān 봄
夏天 xiàtiān 여름

秋天 qiūtiān 가을
冬天 dōngtiān 겨울

  19

1 잘 듣고 보기의 그림을 이용하여 빈칸을 채우세요.

생词

下雨 xià yǔ 비가 오다

❶

星期天	星期一	星期二	星期三	星期四	星期五	星期六
🚩	☀️	ⓐ	☁️	ⓑ	ⓒ	🚩

❷

☀️	🚩	ⓐ	⛄	ⓑ	☀️ ⓒ

说话 말하기

🌸 좋아하는 계절을 이야기하고 각 계절의 날씨는 어떤지 말해 보도록 합니다.

1 다음 그림을 보고 예 와 같이 좋아하는 계절과 날씨에 대해 이야기해 보세요.

예

Ⓐ 你喜欢哪个季节?

Ⓑ 我喜欢春天。

Ⓐ 春天天气怎么样?

Ⓑ 春天很暖和。

生词
季节 jìjié 계절

今天天气怎么样?

今天天气怎么样? 今天天气怎么样?
Jīntiān tiānqì zěnmeyàng? Jīntiān tiānqì zěnmeyàng?

今天下雨。 听说今天下雨。
Jīntiān xià yǔ. Tīngshuō jīntiān xià yǔ.

昨天阴天, 今天下雨, 明天刮风, 后天晴天。
Zuótiān yīntiān, jīntiān xià yǔ, míngtiān guā fēng, hòutiān qíngtiān.

今天下雨, 大家准备雨伞。
Jīntiān xià yǔ, dàjiā zhǔnbèi yǔsǎn.

오늘 날씨 어때? 오늘 날씨 어때?

오늘은 비가 와. 듣자 하니 비가 온대.

어제는 흐려, 오늘은 비 와, 내일은 바람 불어. 모레는 맑아.

오늘은 비가 오니까 모두 우산 준비해.

✴ '그대로 멈춰라' 노래에 맞추어 신나게 불러 보세요.

중국의 날씨는 어떤가요?

서북
여름: 매우 덥고 건조
겨울: 강한 바람, 모레 먼지
• 우루무지

동북
여름: 따뜻함
겨울: 춥고 건조

• 베이징

북쪽
여름: 덥고 습함
겨울: 춥고 건조

• 상하이

서남
여름: 서늘 건조
겨울: 춥고 건조
라싸

사천성
청두 •

남쪽
여름: 덥고 습함
겨울: 조금 춥고 건조

여름: 매우 덥고 습함
겨울: 서늘함

운남성
쿤밍 •

동남
광저우 •
여름: 매우 덥고 습함
겨울: 따뜻함

여름: 따뜻
겨울: 서늘함

하이커우

중국은 전체적으로는 사계절이 뚜렷한 편이지만 대륙의 크기가 큰 만큼 같은 계절에도 지역마다 날씨가 많이 달라요. 남북의 온도 차이가 30도 이상이 나고, 하얼빈의 경우 1년 동안 40도 이상의 온도 차이가 나는 반면 남쪽의 하이커우는 10도 안팍의 차이가 날 뿐이에요. 연평균 기온이 하얼빈은 5도 정도로 덥지 않은 여름과 춥고 긴 겨울을 보내는 데 반해 하이커우는 일년 내내 25도 정도로 겨울 없이 온화한 기온을 유지한답니다.

지역	평균 기온		지역	평균 기온	
	여름	겨울		여름	겨울
우루무치	23	-14	광저우	33	18
하얼빈	22	-20	쿤밍	6	20
베이징	28	-15	청두	25	5
상하이	28	4	라싸	15	-2

※ 중국주서울관광사무소 자료

5

dì wǔ kè

请你帮我一下儿。

美娜　阿龙，下个星期五我有英语考试，
Měinà　Ālóng,　xià ge xīngqīwǔ wǒ yǒu Yīngyǔ kǎoshì,

请你帮我一下。
qǐng nǐ bāng wǒ yíxiàr.

阿龙　没问题，来我家一起学习吧。
Ālóng　Méi wèntí,　lái wǒ jiā yìqǐ xuéxí ba.

美娜　谢谢，明天我请你吃饭。
Měinà　Xièxie,　míngtiān wǒ qǐng nǐ chīfàn.

阿龙　我们是朋友嘛，不用客气。
Ālóng　Wǒmen shì péngyou ma,　búyòng kèqi.

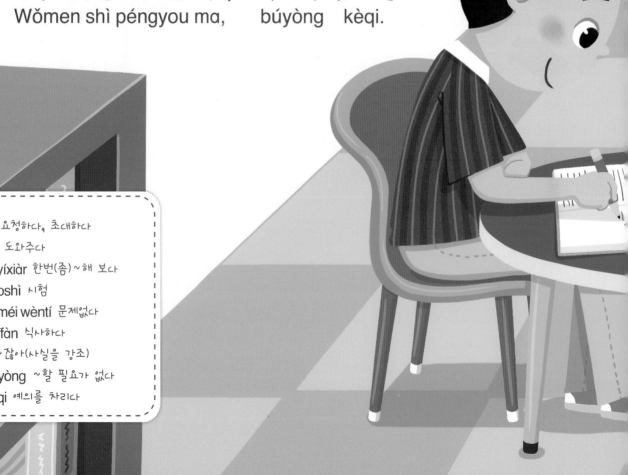

生词

请 qǐng 요청하다, 초대하다

帮 bāng 도와주다

一下儿 yíxiàr 한번(좀) ~해 보다

考试 kǎoshì 시험

没问题 méi wèntí 문제없다

吃饭 chīfàn 식사하다

嘛 ma ~잖아(사실을 강조)

不用 búyòng ~할 필요가 없다

客气 kèqi 예의를 차리다

 21.

请你帮我一下儿。

1 请을 사용한 유용한 표현

「请」은 예의를 갖춰 부탁하거나 요청할 때 쓰는 표현입니다.

金老师马上来，请稍等。
Jīn lǎoshī mǎshàng lái, qǐng shāo děng.

김 선생님은 곧 오실 겁니다, 잠시만 기다리세요.

欢迎欢迎，请进。
Huānyíng huānyíng, qǐng jìn.

환영합니다, 어서 들어오세요.

请问，银行在哪儿?
Qǐng wèn, yínháng zài nǎr?

실례합니다만, 은행이 어디에 있지요?

请喝茶。
Qǐng hē chá.

차 드세요.

请坐。
Qǐng zuò.

앉으세요.

2 一下儿 yíxiàr

「一下儿」는 '한번(좀) ~해 보다'라는 뜻입니다.

请你帮我一下儿。
Qǐng nǐ bāng wǒ yíxiàr.

저 좀 도와주세요.

你念一下儿。
Nǐ niàn yíxiàr.

한번 읽어 봐.

咱们休息一下儿。
Zánmen xiūxi yíxiàr.

우리 좀 쉬자.

请问一下儿。
Qǐngwèn yíxiàr.

뭐 좀 물어볼게요.

生词

马上 mǎshàng 곧, 즉시
欢迎 huānyíng 환영하다
进 jìn 들어오다

喝茶 hē chá 차를 마시다
念 niàn 읽다
咱们 zánmen 우리

休息 xiūxi 쉬다

  23

1 请你帮我一下儿。 Qǐng nǐ bāng wǒ yíxiàr.

「请你帮我一下儿。」는 '저를 좀 도와주세요.'라는 뜻입니다.

请你再说一遍。
Qǐng nǐ zài shuō yíbiàn.

다시 한 번 말해 줘.

请你吃饭。
Qǐng nǐ chīfàn.

내가 밥 살게.

请你来我家玩儿。
Qǐng nǐ lái wǒ jiā wánr.

우리집에 와서 놀아.

请多吃点儿。
Qǐng duō chī diǎnr.

많이 드세요.

请你说慢一点儿。
Qǐng nǐ shuō màn yìdiǎnr.

좀 천천히 말해 주세요.

请你帮我一下儿。
Qǐng nǐ bāng wǒ yíxiàr.

도와주세요.

2 不用 búyòng

我们是朋友嘛，不用客气。
Wǒmen shì péngyou ma, búyòng kèqi.

우린 친군데, 뭐. 예의차릴 필요 없어.

还有时间，不用着急。
Háiyǒu shíjiān, búyòng zháojí.

아직 시간이 있으니 서두를 필요 없어.

学校很近，不用坐车。
Xuéxiào hěn jìn, búyòng zuò chē.

학교가 가까우니 차를 탈 필요가 없어.

生词

一遍 yíbiàn (처음부터 끝까지)한 번	着急 zháojí 서두르다, 조급해하다	坐车 zuò chē 차를 타다
慢 màn 느리다	近 jìn 가깝다	

1 잘 듣고 빈칸을 채워 대화를 완성하세요.

| 보기 | 请你帮我一下儿　　　　不用客气　　　　不用担心
请你说慢一点儿　　　　　请你再说一遍 |

Ⓐ 金老师的手机号码是多少？

Ⓑ 13523660217。

Ⓐ 对不起，＿＿＿＿＿＿＿＿＿＿＿。

Ⓐ 老师，今天有没有听写考试？

Ⓑ 今天有听写考试。

Ⓐ 考试的时候，＿＿＿＿＿＿＿＿＿＿＿，
好吗？听写太难。

Ⓐ 星期四我有英语考试，
＿＿＿＿＿＿＿＿＿＿＿。

Ⓑ ＿＿＿＿＿＿＿＿＿＿＿，我帮你的忙。

Ⓐ 谢谢，明天我请你吃饭。

生词

担心 dānxīn 걱정하다　　　　手机 shǒujī 휴대폰　　　　听写 tīngxiě 받아쓰기

说话 말하기

「请」이 들어간 문장을 상황에 맞게 사용하고, 「不用」을 써서 문장을 만들어 봅니다.

1 그림을 보고 알맞은 말을 고르세요.

①

请你来我家玩儿吧。 ☐
请多吃点儿。 ☐

②

请喝茶。 ☐
请稍等。 ☐

③

请进。 ☐
请坐。 ☐
请问。 ☐

2 그림을 보고 빈칸에 알맞은 말을 넣어 대화를 완성하세요.

힌트 坐车　担心

①

Ⓐ 学校在哪儿?

Ⓑ 学校很近, [   ]。

②

Ⓐ 美娜还没回来。

Ⓑ 时间还很早嘛, [   ]。

교실에서 쓰는 말

차려!
立正！
Lìzhèng!

경례!
敬礼！
Jìnglǐ!

책 ( ) 페이지를 펴세요.
请打开第 ( ) 页。
Qǐng dǎkāi dì ( ) yè.

책을 덮으세요.
请合上书。
Qǐng héshang shū.

오늘은 여기까지 하겠습니다,
수업은 마칠게요.
今天讲到这儿，下课。
Jīntiān jiǎng dào zhèr, xià kè.

감사합니다, 선생님 !
谢谢，老师！
Xièxie, lǎoshī!

文化 문화

중국의 수도, 북경

고궁

북경(北京 Běijīng)은 중국의 수도로, 북경
에는 가 볼만 한 곳이 많이 있어요. 먼저
북경의 가장 중심에 있는 것은 고궁(故宮
Gùgōng)이에요. 고궁은 예전에 황제들이
살던 곳으로 자금성이라고도 불러요.

치엔먼

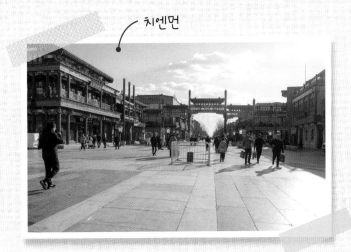

고궁에서 멀지 않은 곳에 왕푸징(王府井
Wángfǔjǐng)이 있는데, 왕푸징은 서울의
명동과 같은 곳이에요. 대형 백화점들이
들어서있고, 볼거리, 먹을거리가 많은 곳
이에요. 치엔먼(前门 Qiánmén)은 천안
문 광장 뒤쪽에 있는 곳으로 각종 상점들
과 시장이 있어서 공예품, 토산품, 의류
등 다양한 물건을 살 수 있어요. 이 밖에도 북경에서 가장 큰 공원인 이화원(颐和园 Yíhéyuán)
등 유명한 곳이 많이 있는데, 북경은 중국의 옛 모습과 지금의 모습이 함께 공존하는 멋진 도시
예요.

你想去明洞，还是去仁寺洞？

美娜 Měinà	星期天，你想去明洞，还是去仁寺洞？ Xīngqītiān, nǐ xiǎng qù Míngdòng, háishi qù Rénsìdòng?
阿龙 Ālóng	听说，仁寺洞有很多好看的、 Tīngshuō, Rénsìdòng yǒu hěn duō hǎokàn de、 好吃的、好玩儿的。 hǎochī de、 hǎowánr de.
美娜 Měinà	我们去仁寺洞吧。 Wǒmen qù Rénsìdòng ba.
阿龙 Ālóng	星期天我们什么时候见面？ Xīngqītiān wǒmen shénme shíhou jiànmiàn?
美娜 Měinà	十一点，好不好？ Shíyī diǎn, hǎo bu hǎo?
阿龙 Ālóng	好，就这么定吧。 Hǎo, jiù zhème dìng ba.

생词

想 xiǎng ~하고 싶다
明洞 Míngdòng 명동(지명)
还是 háishi 아니면
仁寺洞 Rénsìdòng 인사동(지명)
听说 tīngshuō 듣자 하니
什么时候 shénme shíhou 언제
见面 jiànmiàn 만나다
好不好 hǎo bu hǎo 어때?
这么 zhème 이렇게
定 dìng 정하다

1 A还是B? A, háishi B?

「A还是B?」는 'A인가 아니면 B인가?'라는 뜻으로, A와 B 중에서 하나를 선택하여 답해야 합니다.

Ⓐ 去明洞，还是去仁寺洞？
Qù Míngdòng, háishi qù Rénsìdòng?

명동에 가니 아니면 인사동에 가니?

Ⓑ 去明洞。
Qù Míngdòng.

명동 갈래.

Ⓐ 喝咖啡，还是喝茶？
Hē kāfēi, háishi hē chá?

커피 마실래 아니면 차 마실래?

Ⓑ 喝茶吧。
Hē chá ba.

차 마실래.

2 什么时候 shénme shíhou

「什么时候」는 '언제'라는 뜻의 의문대명사이기 때문에 「吗」와 같이 쓰지 않습니다.

Ⓐ 你什么时候睡觉？
Nǐ shénme shíhou shuìjiào?

너 언제 자니?

Ⓑ 我十点半睡觉。
Wǒ shí diǎn bàn shuìjiào.

저는 10시 반에 자요.

8월 25일
回国
huíguó

1시
开始上课
kāishǐ shàngkè

生词

咖啡 kāfēi 커피
睡觉 shuìjiào 자다

回国 huíguó 귀국하다
开始 kāishǐ 시작하다

1 ~还是~ ~háishi~

A 你吃米饭，还是吃面条，还是吃方便面？
Nǐ chī mǐfàn, háishi chī miàntiáo, háishi chī fāngbiànmiàn?

밥 먹을래, 국수 먹을래 아니면 라면 먹을래?

B 我吃面条。　　　　　　　국수 먹을래.
Wǒ chī miàntiáo.

坐公共汽车
zuò gōnggòngqìchē

骑自行车
qí zìxíngchē

走路
zǒu lù

去美术馆
qù měishùguǎn

去动物园
qù dòngwùyuán

去听音乐会
qù tīng yīnyuèhuì

2 听说 tīngshuō

听说，明天下雨。　　　　　듣자 하니, 내일 비가 온다더라.
Tīngshuō, míngtiān xià yǔ.

听说，下个星期阿龙出院。　　듣자 하니, 다음 주에 아롱이 퇴원한대.
Tīngshuō, xià ge xīngqī Ālóng chū yuàn.

生词

米饭 mǐfàn (쌀)밥	骑 qí (말이나 자전거를)타다	动物园 dòngwùyuán 동물원
面条 miàntiáo 국수	自行车 zìxíngchē 자전거	音乐会 yīnyuèhuì 음악회
坐 zuò (탈 것에)타다	走路 zǒu lù 길을 걷다	下个星期 xià ge xīngqī 다음주
公共汽车 gōnggòngqìchē 버스	美术馆 měishùguǎn 미술관	出院 chūyuàn 퇴원하다

1 대화의 내용을 따라 길을 가면서 빈칸을 채우세요.

仁寺洞

CAFE

明洞

公共汽车

茶馆

CINEMA

日本菜

地铁

书店

中国菜

电影院

韩国菜

BOOK

文具店

网吧 PC

买东西

明洞 → ◯ → ◯ → ◯ → ◯

2 他们几点见面?

「听说」의 쓰임을 이해하고 연습합니다. 달력을 보면서 「什么时候」를 이용하여 언제 무엇을 했는지 묻고 대답하도록 합니다.

1 그림을 보고 빈칸에 알맞은 문장을 넣어 말해 보세요.

① 明天是阿龙的生日。 → 听说，　　　。

② 明天下雨。 → 听说，　　　。

③ 下个星期美娜出院。 → 听说，　　　。

2 미나의 달력을 보고, 예 처럼 미나 가족의 이번달 계획에 대해 짝과 묻고 답하세요.

9					
星期一	星期二	星期三	星期四	星期五	星期六
1	2	3 妈妈回国	4	5	6 去奶奶家
7 8 爸爸开始学英语	9	10	11	12	13 我跟阿龙看电影

예

A 美娜什么时候去奶奶家？

B 美娜9月6号去奶奶家。

A 爸爸什么时候开始学英语？

B 　　　　　　　。

你想去哪儿？

你想去明洞(美术馆)， 还是去仁寺洞(动物园)?
Nǐ xiǎng qù Míngdòng(měishùguǎn), háishi qù Rénsìdòng(dòngwùyuán)?

仁寺洞有很多好吃的、 好玩儿的。
Rénsìdòng yǒu hěn duō hǎochī de、hǎowánr de.

(动物园有很多好看的、 好玩儿的。)
Dòngwùyuán yǒu hěn duō hǎokàn de、hǎowánr de.

我们什么时候在哪儿见面？
Wǒmen shénme shíhou zài nǎr jiànmiàn?

下课以后， 在学校门口见面吧。
Xiàkè yǐhòu, zài xuéxiào ménkǒu jiànmiàn ba.

(十一点，在地铁站见面吧。)
Shíyī diǎn, zài dìtiězhàn jiànmiàn ba.

너는 명동(미술관)에 갈래?
아니면 인사동(동물원)에 갈래?
인사동이 먹을 것도 많고, 놀 데도 많지.
(동물원이 볼 것도 많고, 놀 데도 많지.)
우리 언제 어디에서 만날까?
수업 끝나고 정문에서 만나자.
(11시에 지하철역에서 만나자.)

※ '우리집에 왜 왔니?' 노래에 맞추어 신나게 불러 보세요.

자전거 천국, 중국

회사에 출근할 때, 학교에 갈 때, 시장에 갈 때 중국 사람들이 가장 많이 이용하는 교통수단이 바로 자전거예요. 중국은 자전거가 많아서 자전거가 다니는 곳을 도로와 따로 구분해 놓은 곳이 많이 있어요. 그래서 보다 안전하게 탈 수 있어요.

'자전거의 천국'이라는 중국의 별명에 맞게 최근에는 휴대폰 앱을 이용한 공용 자전거를 이용하는 사람들이 아주 많아요. 공용 자전거는 원하는 장소에서 원하는 장소까지 편리하게 자전거를 이용할 수 있고 앱을 통해 손쉽게 비용을 지불할 수 있어요. 최근에는 전동차 같은 오토바이를 이용하는 사람들도 많아졌지만 여전히 자전거를 이용하는 사람들은 많답니다.

1 알맞은 것끼리 연결하세요.

打   打   踢   打

•   •   •   •

•   •   •   •

排球   网球   篮球   足球

2 그림을 보고 빈칸에 알맞은 한자를 써 넣으세요.

| 보기 | 做 | 玩 | 唱 | 上 | 跳 | 滑 |

① ☐ 雪

② ☐ 歌

③ ☐ 舞

④ ☐ 电子游戏

⑤ ☐ 作业

⑥ ☐ 课

3 그림을 보고 질문에 알맞은 답을 써 넣으세요.

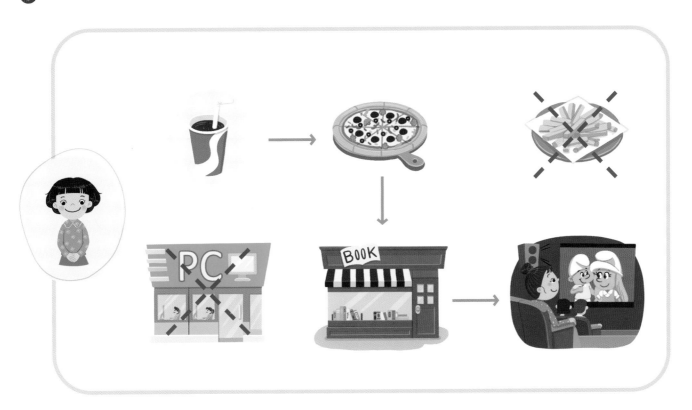

① 她要喝什么? _____
② 她要吃什么? _____
③ 她不想吃什么? _____
④ 她要去哪儿? _____
⑤ 她不想去哪儿? _____
⑥ 她要做什么? _____

| 보기 | 网吧 | 看电影 | 薯条 | 可乐 | 比萨饼 | 书店 |

4 그림을 보고 각각 무슨 맛인지 쓰세요.

보기 　酸　　苦　　咸　　辣　　油腻　　甜

❶

❷

❸

❹

❺

❻

5 보기 에서 알맞은 말을 골라 문장을 완성하세요.

❶ 请你帮我 ⬜ 。

❷ 学校很近，⬜ 坐车。

❸ 你去，⬜ 他去？

❹ 你什么 ⬜ 睡觉？

❺ 你喜欢中国菜，⬜ ？

보기

时候
不用
还是
对不对
一下儿

6 다음 그림을 보고 질문에 답하세요.

今天天气怎么样?

①

今天 _____

②

今天 _____

③

今天 _____

7 한국어에 맞게 단어를 순서대로 배열하여 문장을 완성하세요.

❶ 커피 마실래? 아니면 차 마실래?　　还是 / 喝 / 你 / 喝 / 咖啡 / 茶

→ _____

❷ 그렇게 정하자.　　定 / 就 / 这么 / 吧

→ _____

❸ 듣자 하니, 내일 아롱이가 퇴원한대.　　阿龙 / 出院 / 听说 / 明天

→ _____

请问，地铁站怎么走?

美娜
Měinà

请问，地铁站怎么走?
Qǐngwèn, dìtiězhàn zěnme zǒu?

阿姨
āyí

先往右拐，然后一直走。
Xiān wǎng yòu guǎi, ránhòu yìzhí zǒu.

美娜
Měinà

离这儿远不远?
Lí zhèr yuǎn bu yuǎn?

阿姨
āyí

不远，五分钟就到。
Bù yuǎn, wǔ fēn zhōng jiù dào.

美娜
Měinà

谢谢。
Xièxie.

阿姨
āyí

不客气。
Bú kèqi.

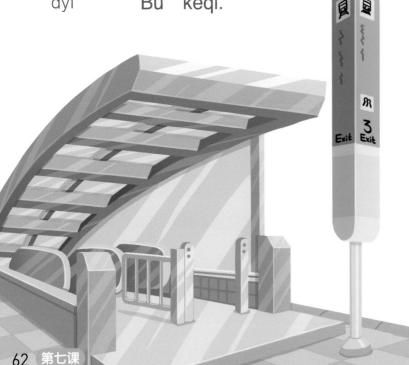

生词

地铁站 dìtiězhàn 지하철역
怎么 zěnme 어떻게
走 zǒu 가다
先 xiān 먼저
往 wǎng ~향하여, ~로
右 yòu 오른쪽
拐 guǎi 돌다
然后 ránhòu 그리고 나서
一直 yìzhí 곧장, 쭉
离 lí ~로부터, ~에서
远 yuǎn 멀다
到 dào 도착하다
不客气 bú kèqi 천만에요

1 怎么走？ Zěnme zǒu?

「怎么走?」는 '어떻게 갑니까?'라는 뜻으로 길을 물을 때 쓰는 표현입니다.

A 地铁站怎么走？　　지하철역은 어떻게 가나요?
Dìtiězhàn zěnme zǒu?

B 往　　前走。　　앞쪽으로 가세요.
Wǎng　　qián zǒu.

　　　　北走。　　북쪽으로 가세요.
　　　　běi zǒu.

　　　　左拐。　　왼쪽으로 도세요.
　　　　zuǒ guǎi.

　　　　西拐　　서쪽으로 도세요.
　　　　xī guǎi

2 离 lí

「离」는 '(장소)~로 부터, ~에서'라는 뜻입니다.

离这儿不远。　　여기서 멀지 않아요.
Lí zhèr bù yuǎn.

离北京近。　　북경에서 가까워요.
Lí Běijīng jìn.

学校离我家很近。　　학교는 우리집에서 가까워요.
Xuéxiào lí wǒ jiā hěn jìn.

学习 심화 학습

1 在哪儿？ Zài nǎr?

「在哪儿？」은 '어디에 있어요?'라는 뜻으로 위치를 묻는 말입니다.

请问，首尔医院在哪儿？
Qǐngwèn, Shǒu'ěr yīyuàn zài nǎr?

말씀 좀 묻겠습니다, 서울병원이 어디에 있나요?

往前走。
Wǎng qián zǒu.

앞으로 가세요.

对面 맞은편

在超市的对面。
Zài chāoshì de duìmiàn.

슈퍼마켓 맞은편에 있어요.

马路 대로, 큰길
十字路口 사거리

在十字路口往右拐。
Zài shízì lùkǒu wǎng yòu guǎi.

사거리에서 오른쪽으로 도세요.

过 건너다

在补习班过马路就是。
Zài bǔxíbān guò mǎlù jiùshì.

학원에서 길을 건너면 바로예요.

一直走，到邮局往左拐。
Yìzhí zǒu, dào yóujú wǎng zuǒ guǎi.

곧장 가다가 우체국에서 왼쪽으로 도세요.

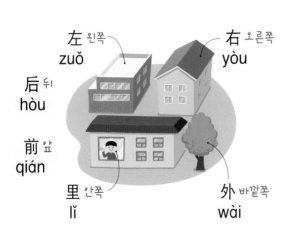

左 왼쪽 zuǒ
右 오른쪽 yòu
后 뒤 hòu
前 앞 qián
里 안쪽 lǐ
外 바깥쪽 wài

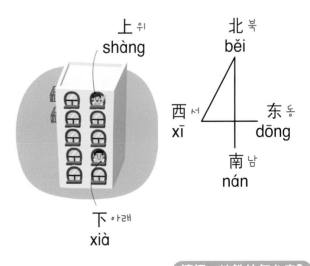

上 위 shàng
北 북 běi
西 서 xī
东 동 dōng
南 남 nán
下 아래 xià

1 어디로 가고 있는지 잘 듣고 지도에서 답을 찾아 쓰세요.

①

②

生词

药店 yàodiàn 약국

说话 말하기

🌸 그림을 보면서 길 찾아가는 표현을 연습합니다. 미나집 외에도 찾아가는 곳을 바꾸어
여러 가지 방법으로 대답해 보세요.(출발 위치는 부록 ✂ 을 활용하여 정할 수 있어요.)

1 지도를 보고 예 처럼 묻고 답하세요.

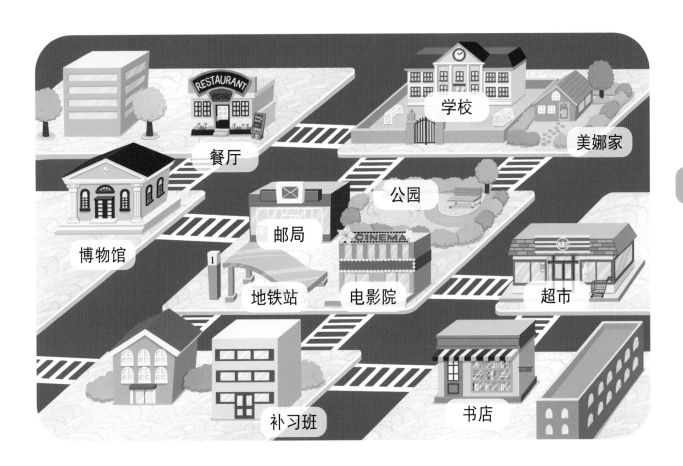

예

Ⓐ 美娜家怎么走?
Měinà jiā zěnme zǒu?

离这儿远不远?

Ⓑ 先过马路，一直往前走。到电影院往左拐。
Xiān guò mǎlù, yìzhí wǎng qián zǒu. Dào diànyǐngyuàn wǎng zuǒ guǎi.

然后一直走，走到公园往左拐，再过马路就是美娜家。
Ránhòu yìzhí zǒu, zǒudào gōngyuán wǎng zuǒ guǎi, zài guò mǎlù jiù shì Měinà jiā.

生词

餐厅 cāntīng 음식점 　　　博物馆 bówùguǎn 박물관 　　　公园 gōngyuán 공원

怎么走?

地铁站怎么走? 怎么走?
Dìtiězhàn zěnme zǒu? Zěnme zǒu?

先往右拐, 然后往前走。
Xiān wǎng yòu guǎi, ránhòu wǎng qián zǒu.

医院怎么走? 怎么走?
Yīyuàn zěnme zǒu? Zěnme zǒu?

先往前走, 然后过马路。
Xiān wǎng qián zǒu, ránhòu guò mǎlù.

邮局怎么走? 怎么走?
Yóujú zěnme zǒu? Zěnme zǒu?

一直走, 到十字路口往左拐。
Yìzhí zǒu, dào shízì lùkǒu wǎng zuǒ guǎi.

离这儿远不远? (很远 / 不远)
Lí zhèr yuǎn bu yuǎn? (hěn yuǎn / bù yuǎn)

지하철역 어떻게 가? 어떻게 가?
오른쪽으로 돌고, 그 다음에
앞으로 가.
병원은 어떻게 가? 어떻게 가?
앞으로 가, 그 다음에 길 건너.
우체국은 어떻게 가? 어떻게 가?
곧장 가다가 사거리에서
왼쪽으로 돌아.
여기서 멀어 안 멀어?
(멀어/ 안 멀어)

✳ '여우야 여우야' 노래에 맞추어 신나게 불러 보세요.

중국은 국토가 넓기 때문에 먼 곳을 가려면 기차를 타야 해요. 땅이 너무 넓어서 가는 데 며칠이나 걸리는 곳도 있어요. 그래서 기차를 탈 때는 걸리는 시간이나 비용을 고려해서 좌석을 선택해야 하는데, 침대 칸과 의자 칸으로 나뉘어 있어요. 또 쿠션에 따라 딱딱한 좌석과 푹신한 좌석, 딱딱한 침대와 푹신한 침대로 나뉘어요. 먼 곳을 갈 때는 되도록 침대 칸을 이용하는 것이 좋아요. 딱딱한 침대는 사진과 같이 대부분 3층 침대예요. 층마다 가격이 조금씩 차이가 나는데, 가장 아래 칸이 제일 비싸요. 푹신한 침대 칸은 칸 마다 문을 열고 닫을 수 있도록 분리되어 있고, 이층 침대가 두 개씩 있어서 보다 넓고 편안하게 이용할 수 있어요.

＊ 침대 칸

딱딱한 침대 硬卧 yìngwò
푹신한 침대 软卧 ruǎnwò

＊ 좌석 칸

딱딱한 좌석 硬座 yìngzuò
푹신한 좌석 软座 ruǎnzuò

我可以进去吗?

美娜 Měinà	我可以进去吗? Wǒ kěyǐ jìnqù ma?
阿龙 Ālóng	可以，快进来。 Kěyǐ, kuài jìnlái.
美娜 Měinà	你在做什么呢? Nǐ zài zuò shénme ne?
阿龙 Ālóng	我在看中国动画片呢。 Wǒ zài kàn Zhōngguó dònghuàpiàn ne.
美娜 Měinà	中国动画片? 我也可以看吗? Zhōngguó dònghuàpiàn? Wǒ yě kěyǐ kàn ma?
阿龙 Ālóng	当然可以，过来坐吧。 Dāngrán kěyǐ, guòlái zuò ba.

 36?

8

生词

可以 kěyǐ ~해도 된다(좋다)
进去 jìnqù 들어가다
进来 jìnlái 들어오다
动画片 dònghuàpiàn 만화영화(애니메이션)
当然 dāngrán 당연히, 물론
过来 guòlái (저쪽에서 이쪽으로) 오다

我可以进去吗? 71

37

讲解 해설

1 我可以进去吗？ Wǒ kěyǐ jìnqù ma?

「我可以进去吗？」는 '나 들어가도 돼?'라는 뜻입니다.「可以」는 '~해도 된다, 괜찮다'는 뜻으로 허가를 나타내고, 대답할 때는「可以 / 行」또는「不可以 / 不行」을 씁니다.

Ⓐ 妈妈，我可以出去玩儿吗？
Māma, wǒ kěyǐ chūqù wánr ma?

엄마 저 나가서 놀아도 돼요?

Ⓑ 不行，你还没做完作业呢！
Bù xíng, nǐ hái méi zuòwán zuòyè ne!

안 돼. 너 숙제 아직 다 안 했잖아.

Ⓐ 这件衣服我可以试试吗？
Zhè jiàn yīfu wǒ kěyǐ shìshi ma?

이 옷 제가 입어 봐도 될까요?

Ⓑ 可以。/ 行。
Kěyǐ.   Xíng.

네.

2 你在做什么呢？ Nǐ zài zuò shénme ne?

「你在做什么呢？」는 '너 지금 뭐 하고 있니?'라는 뜻으로「(正)在~呢」는 '지금 ~하고 있는 중이다'라는 뜻으로 진행을 나타내며「正在(zhèngzài)」,「正(zhèng)」,「在~呢(zài~ne)」의 형태로도 쓰입니다.

爸爸正在看杂志呢。
Bàba zhèngzài kàn zázhì ne.

아버지는 지금 잡지를 보고 계셔.

他们正在打乒乓球。
Tāmen zhèngzài dǎ pīngpāngqiú.

그들은 지금 탁구를 치고 있는 중이야.

美娜在听广播呢。
Měinà zài tīng guǎngbō ne.

미나는 지금 방송을 듣고 있는 중이야.

生词

行 xíng 좋다, 괜찮다
做完 zuòwán 다 하다

杂志 zázhì 잡지
广播 guǎngbō 방송

1 可不可以 kě bu kěyǐ

「可以」를 '긍정 + 부정'의 의문문으로 만들면 「可以不可以」이지만 줄여서 「可不可以」로 씁니다.

Ⓐ 妈妈，我可不可以去游泳池？
　 Māma, wǒ kě bu kěyǐ qù yóuyǒngchí?
　　　　　　　　　　　　　　　　　엄마, 저 수영장에 가도 돼요?

Ⓑ 可以。
　 Kěyǐ.
　　　　　　　　　　　　　　　　　그래.

Ⓐ 你可不可以借给我一本小说？
　 Nǐ kě bu kěyǐ jiègěi wǒ yì běn xiǎoshuō?
　　　　　　　　　　　　　　　　　소설책 한 권 빌려 줄 수 있니?

Ⓑ 当然可以。
　 Dāngrán kěyǐ.
　　　　　　　　　　　　　　　　　물론이지.

Ⓐ 现在北京可不可以放鞭炮？
　 Xiànzài Běijīng kě bu kěyǐ fàng biānpào?
　　　　　　　　　　　　　　　　　지금 베이징에서 폭죽놀이 해도 돼?

Ⓑ 现在不可以放。
　 Xiànzài bù kěyǐ fàng.
　　　　　　　　　　　　　　　　　지금 못 해.

2 进去 / 进来 jìnqù / jìnlái

「进去」는 '들어가다'는 뜻이고, 「进来」는 '들어오다'라는 뜻입니다.

Ⓐ 我可以进去吗？
　 Wǒ kěyǐ jìnqù ma?
　　　　　나 들어가도 돼?

Ⓑ 可以，快进来。
　 Kěyǐ, kuài jìnlái.
　　　　　응, 어서 들어와.

> '进去'는 내가 밖에서 안으로 들어가는 것이고, '进来'는 상대가 밖에서 안으로 들어오는 것을 말합니다.

生词

游泳池 yóuyǒngchí 수영장
借给 jiègěi ~에게 ~을 빌려주다

北京 Běijīng 베이징(지명)
放鞭炮 fàng biānpào 폭죽놀이를 하다

1 잘 듣고 알맞은 곳에 ○표 하세요.

可以   不行

说话 말하기

❀ 그림을 보면서 「在~呢」 문장을 연습합니다. 교실에 있는 친구들을 보면서 묻고 대답
해 보세요. 부록의 만들기를 활용하여 게임을 해 보세요. 부록 ✂

1 미나와 아롱이 메시지를 주고 받고 있습니다. 짝과 함께 아롱의 식구들이 무엇을 하고 있는지
이야기해 보세요.

힌트 做菜　听音乐　看电视　说话　看书

我可以进去吗? 75

我可以进去吗？

我可以出去吗？
Wǒ kěyǐ chūqù ma?

可以，快出来吧。
Kěyǐ, kuài chūlái ba.

我可以骑自行车吗？
Wǒ kěyǐ qí zìxíngchē ma?

当然可以，过来骑吧。
Dāngrán kěyǐ, guòlái qí ba.

나 나가도 돼요?
당연하지, 어서 나와.
나 자전거 타도 돼요?
물론이지, 이리 와서 타렴.

我可以进去吗？
Wǒ kěyǐ jìnqù ma?

可以，快进来吧。
Kěyǐ, kuài jìnlái ba.

我可以看动画片吗？
Wǒ kěyǐ kàn dònghuàpiàn ma?

当然可以，过来坐吧。
Dāngrán kěyǐ, guòlái zuò ba.

나 들어가도 돼요?
그럼, 어서 들어와.
나 만화 봐도 돼요?
물론이지, 이리 와서 앉으렴.

길거리 문화

중국에서는 공원이나 골목에 사람들이 모여 있는 모습을 쉽게 볼 수 있어요. 마장(麻将 májiàng)을 하는 사람, 바둑(下围棋 xià wéiqí)을 두는 사람과 이를 구경하는 사람들이 모여 있는 모습이에요. 또 이른 아침에는 태극권으로 몸을 단련하는 사람도 쉽게 볼 수 있어요. 공원뿐만 아니라 골목 앞이나 집 앞에 나와서 운동을 하는데 처음 중국에 간 사람들이 보기에는 매우 흥미로운 모습이에요.

맨손으로 하기도 하고 칼이나 부채를 가지고 무술을 하는 모습도 자주 볼 수 있어요. 신나는 음악에 맞춰 남녀가 짝을 이루어 춤을 추는 모습도 우리에게는 낯선 풍경이지만, 운동을 생활화하고 사람들과 어울리기 좋아하는 친근한 이웃의 모습을 볼 수 있는 것 같아요.

你弟弟比你高!

阿龙	这是你家的全家福吗?
Ālóng	Zhè shì nǐ jiā de quánjiāfú ma?

美娜	是。我爸爸、妈妈和弟弟。
Měinà	Shì. Wǒ bàba、 māma hé dìdi.

阿龙	你弟弟比你高!
Ālóng	Nǐ dìdi bǐ nǐ gāo!

美娜	没错儿。
Měinà	Méicuòr.

阿龙	他今年几年级?
Ālóng	Tā jīnnián jǐ niánjí?

美娜	他是小学六年级,比我小两岁。
Měinà	Tā shì xiǎoxué liù niánjí, bǐ wǒ xiǎoliǎng suì.

生词

比 bǐ ~보다, ~에 비해서
高 gāo 키가 크다
全家福 quánjiāfú 가족 사진
没错儿 méicuòr 맞다, 틀림없다
年级 niánjí 학년
小学 xiǎoxué 초등학교
小 xiǎo 나이가 어리다

你弟弟比你高。

1 你弟弟比你高！Nǐ dìdi bǐ nǐ gāo!

「你弟弟比你高!」는 '네 동생이 너보다 크구나!' 라는 뜻으로 「A比B＋형용사」는 'A가 B보다 ~하다'라는 뜻입니다.

他二十岁，我十九岁，他比我大。
Tā èrshí suì, wǒ shíjiǔ suì, tā bǐ wǒ dà.
그는 20살이고, 나는 19살이다, 그는 나보다 나이가 많다.

他比我矮。 　　　　　　　　　그는 나보다 키가 작다.
Tā bǐ wǒ ǎi.

今天比昨天冷。 　　　　　　　오늘은 어제보다 춥다.
Jīntiān bǐ zuótiān lěng.

2 他比我大。Tā bǐ wǒ dà.

비교문에서는 「很(hěn)」이나 「太(tài)」를 쓰지 않습니다. 「A比B＋형용사＋수량」은 'A가 B보다 (수량)만큼 ~하다'라는 뜻입니다.

他比我大。 ○ 　　　　　그는 나보다 나이가 많다.
Tā bǐ wǒ dà.

他比我很大。 ✕
Tā bǐ wǒ hěn dà.

他比我大两岁。 　　　　　그는 나보다 두 살이 많다.
Tā bǐ wǒ dà liǎng suì.

他比我高五公分。 　　　　그는 나보다 5cm 더 크다.
Tā bǐ wǒ gāo wǔ gōngfēn.

今天比昨天低三度。 　　　오늘은 어제보다 3도 낮다.
Jīntiān bǐ zuótiān dī sān dù.

1 他比我高。Tā bǐ wǒ gāo.

他比我高。
Tā bǐ wǒ gāo.

그는 나보다 키가 크다.

我没有他高。
Wǒ méiyǒu tā gāo.

나는 그 사람만큼 크지 않다.

我比他矮。
Wǒ bǐ tā ǎi.

나는 그보다 작다.

你比她大。
Nǐ bǐ tā dà.

너는 그녀보다 나이가 많다.

她没有你大。
Tā méiyǒu nǐ dà.

그녀는 너만큼 나이가 많지 않다.

她比你小。
Tā bǐ nǐ xiǎo.

그녀는 너보다 어리다.

这个本子比那个本子贵。
Zhè ge běnzi bǐ nà ge běnzi guì.

이 노트는 저 노트보다 비싸다.

那个本子没有这个本子贵。
Nà ge běnzi méiyǒu zhè ge běnzi guì.

저 노트는 이 노트만큼 비싸지 않다.

那个本子比这个本子便宜。
Nà ge běnzi bǐ zhè ge běnzi piányi.

저 노트는 이 노트보다 싸다.

9

生词

大 dà 나이가 많다	低 dī 낮다	便宜 piányi 싸다
矮 ǎi 키가 작다	度 dù 도	
公分 gōngfēn 센티미터(cm)	贵 guì 비싸다	

1 잘 듣고 알맞은 그림에 ○표 하세요.

✳ 更 gèng 더욱, 더

❶
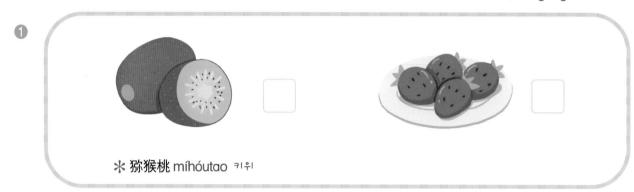

✳ 猕猴桃 míhóutao 키위

❷

❸
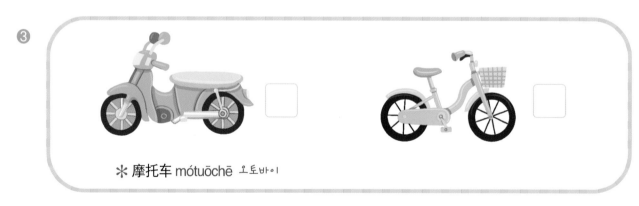

✳ 摩托车 mótuōchē 오토바이

❹
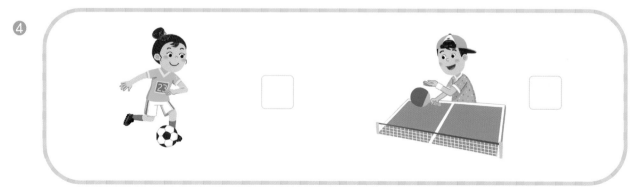

🍀 문장을 여러 가지 방법으로 비교하는 연습을 합니다.

1 그림을 보고 예 처럼 비교하는 문장을 만드세요.

这个本子　　那个本子

贵/便宜

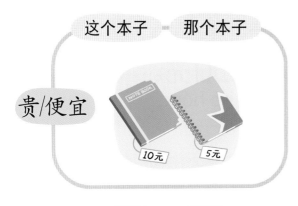

10元　　5元

예

这个本子比那个本子贵。

那个本子没有这个本子贵。

那个本子比这个本子便宜。

昨天　　明天

热/冷

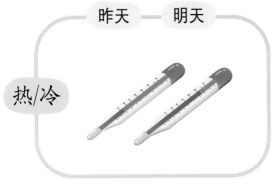

❶

昨天 ＿＿＿＿＿＿＿＿＿＿＿＿。

明天 ＿＿＿＿＿＿＿＿＿＿＿＿。

明天 ＿＿＿＿＿＿＿＿＿＿＿＿。

妈妈 36岁　　爸爸 37岁

大/小

❷

爸爸 ＿＿＿＿＿＿＿＿＿＿＿＿。

妈妈 ＿＿＿＿＿＿＿＿＿＿＿＿。

妈妈 ＿＿＿＿＿＿＿＿＿＿＿＿。

哥哥　　我

高/矮

❸

哥哥 ＿＿＿＿＿＿＿＿＿＿＿＿。

我 ＿＿＿＿＿＿＿＿＿＿＿＿。

我 ＿＿＿＿＿＿＿＿＿＿＿＿。

9

你弟弟比你高。　83

  45

男儿当自强

傲气面对万重浪， 热血像那红日光。
Àoqì miànduì wànchónglàng, rèxuè xiàng nà hóng rìguāng.

胆似铁打， 骨如精钢，
Dǎn sì tiě dǎ, gǔ rú jīnggāng,

胸襟百千丈， 眼光万里长。
xiōngjīn bǎiqiān zhàng, yǎnguāng wànlǐ cháng.

我发奋图强， 做好汉。
Wǒ fāfèn túqiáng, zuò hǎohàn.

做个好汉子， 每天要自强。
Zuò ge hǎohànzi, měitiān yào zìqiáng.

热血男儿汉， 比太阳更光。
Rèxuè nán'érhàn, bǐ tàiyáng gèng guāng.

패기는 이는 파도에 맞서고, 끓는 피는 저 붉은 태양과 같이 빛나니.
담력은 단련된 무쇠, 뼈는 정련한 강철,
가슴엔 거대한 포부, 시야는 저 멀리.
나는 온 마음으로 사나이가 되리라.
사나이라 함은 매일 스스로 강해져야 하고,
열혈남아는 태양보다 더 빛나야 하는 법.

중국 영화 〈황비홍〉의 주제가예요.
이 영화는 중국 청나라 말, 혼란한 시기에
탄생한 영웅의 일대기를 그린 영화예요. 힘
없는 중국인들을 위해 총을 가진 적과 맨손
으로 결투를 벌이는 황비홍의 액션이 매우
화려하게 펼쳐져요. 이 영화 이후 많은 황
비홍 시리즈가 탄생했고, 무술 연기로 인기
를 얻은 이연걸을 세계적인 스타로 만든 영
화예요.

9

你弟弟比你高。

你明天能不能来我家?

美娜 **你明天下午能不能来我家?**
Měinà Nǐ míngtiān xiàwǔ néng bu néng lái wǒ jiā?

阿龙 **为什么?**
Ālóng Wèishénme?

美娜 **因为我想跟你一起学习英语。**
Měinà Yīnwèi wǒ xiǎng gēn nǐ yìqǐ xuéxí Yīngyǔ.

阿龙 **可是我从三点到五点去补习班。**
Ālóng Kěshì wǒ cóng sān diǎn dào wǔ diǎn qù bǔxíbān.

美娜 **下课以后来我家，怎么样?**
Měinà Xià kè yǐhòu lái wǒ jiā, zěnmeyàng?

阿龙 **好哇。**
Ālóng Hǎo wa.

美娜 **一言为定！**
Měinà Yì yán wéi dìng!

生词

能 néng ~할 수 있다
下午 xiàwǔ 오후
为什么 wèishénme 왜, 어째서
因为 yīnwèi 왜냐하면

跟 gēn ~와
可是 kěshì 그러나, 하지만
从~到~ cóng~ dào~ ~에서 ~까지
一言为定 yì yán wéi dìng 약속할 때 하는 말

1 能 néng

「能」은 '~할 수 있다'는 뜻입니다. '~할 수 없다'는 「不能」으로 쓰고 의문문은 「能不能」이나 「能~吗」의 형태로 씁니다.

我能吃辣的。
Wǒ néng chī là de.

나는 매운 것 먹을 수 있어.

我能看英语小说。
Wǒ néng kàn Yīngyǔ xiǎoshuō.

나는 영어소설을 볼 수 있어.

Ⓐ 你能吃香菜吗?
Nǐ néng chī xiāngcài ma?

너 시앙차이 먹을 수 있니?

Ⓑ 我不能吃香菜。
Wǒ bù néng chī xiāngcài.

나 시앙차이 못 먹어.

Ⓐ 你能不能来我家玩儿?
Nǐ néng bu néng lái wǒ jiā wánr?

집에 와서 놀 수 있니?

Ⓑ 家里没有人，不能出去。
Jiā li méiyǒu rén, bù néng chūqù.

집에 아무도 없어서, 나갈 수가 없어.

2 为什么? Wèishénme?

「为什么?」는 '왜?'라는 뜻으로 대답할 때는 「因为~」하고 이유를 말합니다.

Ⓐ 你为什么不吃饭?
Nǐ wèishénme bù chīfàn?

왜 밥 안 먹어?

Ⓑ 因为我不饿。
Yīnwèi wǒ bú è.

배가 안 고파서.

生词

香菜 xiāngcài 시앙차이

1 从 A 到 B cóng A dào B

「从A到B」는 'A에서 B까지'라는 뜻으로 범위를 나타냅니다.

Ⓐ 从这儿到文具店，怎么走？
Cóng zhèr dào wénjùdiàn, zěnme zǒu?

여기에서 문구점까지는 어떻게 가요?

Ⓑ 一直往前走。
Yìzhí wǎng qián zǒu.

앞으로 쭉 걸어가세요.

从第一课到第三课你先念一下儿。
Cóng dì yī kè dào dì sān kè nǐ xiān niàn yíxiàr.

1과부터 3과까지 먼저 좀 읽어 봐.

爸爸从早上九点到晚上六点工作。
Bàba cóng zǎoshang jiǔ diǎn dào wǎnshang liù diǎn gōngzuò.

아버지는 아침 9시부터 저녁 6시까지 일하신다.

10

2 跟 gēn

「跟」은 '~와, ~에게'라는 뜻입니다. 「跟~一起」(~와 함께)의 형태로 쓰기도 합니다.

我想跟你一起学习英语。
Wǒ xiǎng gēn nǐ yìqǐ xuéxí Yīngyǔ.

나는 너랑 같이 영어공부 하고 싶어.

昨天我跟妈妈一起去市场了。
Zuótiān wǒ gēn māma yìqǐ qù shìchǎng le.

어제 나는 엄마와 함께 시장에 갔다.

市场 shìchǎng 시장

你明天能不能来我家？ 89

  49

1 대화를 잘 듣고 알맞은 그림에 ○표 하세요.

①

②
✴ 打扫 dǎsǎo 청소하다

③
✴ 登山 dēngshān 등산하다

④

说话 _{말하기}

❀ 미나의 하루 일과표를 보면서 「从~到~」 문장을 연습하고, 자신의 일과표를 그려서 친구들에게 무엇을 했는지 소개하도록 합니다. 부록 ✂

1 미나의 하루 일과표를 보고 예 처럼 묻고 답하세요.

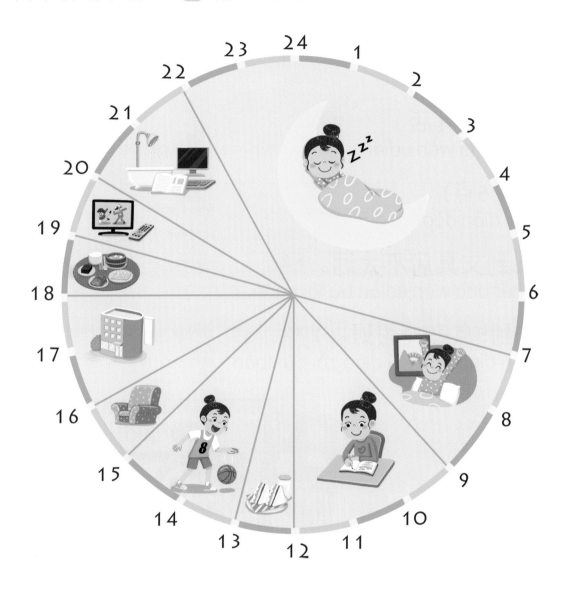

예

Ⓐ 美娜从下午4点到6点在哪儿?

Ⓑ 她从下午4点到6点在补习班。

Ⓐ 美娜从上午7点到9点做什么?

Ⓑ 她从上午7点到9点起床、吃早饭。

참고

吃早饭	做作业
吃午饭	上网
吃晚饭	睡觉
上课	做运动
去补习班	看电视

✻ 复习 fùxí 복습하다
✻ 起床 qǐchuáng 일어나다

从~到~

从~到~
cóng dào

从这儿到文具店
cóng zhèr dào wénjùdiàn

（从3点到5点）
cóng sān diǎn dào wǔ diǎn

从这儿到文具店不太远。 ×2
Cóng zhèr dào wénjùdiàn bú tài yuǎn.

~에서 ~까지
여기에서 문구점까지
여기에서 문구점까지 그다지 멀지 않아요. ×2

（从3点到5点在补习班。）×2
Cóng sān diǎn dào wǔ diǎn zài bǔxíbān.

~에서 ~까지
3시에서 5시까지
3시에서 5시까지 학원에 있어요. ×2

배달시키신 분?

중국에서는 내가 어디에 있든지 내가 있는 곳으로 배달시키는 것이 가능해요. 음식, 마트 물건, 음료, 디저트 등 판매하는 거의 모든 것은 배달앱을 통해 배달을 시킬 수 있어요. 예전에는 학생 식당에 길게 줄을 늘어선 모습을 흔히 볼 수 있었는데 이제는 기숙사 앞이나 건물 앞에서 배달 음식을 기다리는 모습이 더 흔한 모습이 되었어요. 자신의 위치를 입력하면 거리와 배달 예상 시간을 알 수 있고 배달원의 정보와 실시간 배달 현황도 알 수 있어요. 배달앱은 중국에서 엄청 나게 빠른 속도로 성장하고 있는데 최근에는 드론을 이용한 배달 서비스를 시작할 거라고 해요. 중국의 배달앱 시장의 시작은 조금 늦었을지 몰라도 그 성장 속도는 세계 최고 수준을 자랑하는 것 같아요.

11
dì shíyī kè

你有空儿的时候干什么?

美娜　你有空儿的时候干什么?
Měinà　Nǐ yǒu kòngr de shíhou gàn shénme?

阿龙　有的时候上网,有的时候看书。
Ālóng　Yǒu de shíhou shàng wǎng, yǒu de shíhou kàn shū.

美娜　一个星期上几次网?
Měinà　Yí ge xīngqī shàng jǐ cì wǎng?

阿龙　我只有星期六才能上网。
Ālóng　Wǒ zhǐyǒu xīngqīliù cái néng shàng wǎng.

平时我妈不让我上网。
Píngshí wǒ mā bú ràng wǒ shàng wǎng.

美娜　她这么做都是为了你好。
Měinà　Tā zhème zuò dōu shì wèile nǐ hǎo.

阿龙　我也知道。
Ālóng　Wǒ yě zhīdào.

11

生词

空儿 kòngr 시간, 틈, 여가

干 gàn ~하다

次 cì 번, 회수

只有 zhǐyǒu ~해야만

才 cái 겨우, 비로소

平时 píngshí 평소에

让 ràng ~에게 ~하도록 하다

为了 wèile ~를 위하여

你有空儿的时候干什么？

1 有的时候~, 有的时候~ yǒu de shíhou~, yǒu de shíhou~

「有的时候~ , 有的时候~」는 '어떤 때는 ~ , 어떤 때는 ~'이라는 뜻으로 「有时~」나 「有时候~」로 줄여서 쓸 수 있습니다.

周末我有的时候学习，有的时候做运动。
Zhōumò wǒ yǒu de shíhou xuéxí, yǒu de shíhou zuò yùndòng.
주말에 나는 어떤 때는 공부를 하고, 어떤 때는 운동을 한다.

数学有时有意思，有时无聊。
Shùxué yǒu shí yǒu yìsi, yǒu shí wúliáo.
수학은 어떤 때는 재미있고, 어떤 때는 지루하다.

夏天有时候闷热，有时候下雨。
Xiàtiān yǒu shíhou mēnrè, yǒu shíhou xià yǔ.
여름에 어떤 때는 무덥고, 어떤 때는 비가 온다.

2 只有~才 zhǐyǒu~, cái

「只有~, 才」는 '~해야만 비로소 ~이다'라는 뜻입니다.

只有做完作业，才能出去玩儿。
Zhǐyǒu zuòwán zuòyè, cái néng chūqù wánr.

숙제를 다 해야만, 밖에 나가서 놀 수 있어.

只有买票，才能看电影。
Zhǐyǒu mǎi piào, cái néng kàn diànyǐng.

표를 사야만, 영화를 볼 수 있어.

Ⓐ 我要穿雨衣去幼儿园！
Wǒ yào chuān yǔyī qù yòu'éryuán!

나 비옷 입고 유치원 갈래요!

Ⓑ 不行，只有下雨，才能穿雨衣、雨鞋呢
Bù xíng, zhǐyǒu xià yǔ, cái néng chuān yǔyī、yǔxié ne.
안 돼, 비가 와야 비옷이랑 장화를 신을 수 있어.

  🎧 53

1 为了 wèile

「为了」는 '~를 위하여'라는 뜻으로 목적을 나타냅니다.

为了考上大学，她每天学习六个小时。
Wèile kǎoshàng dàxué, tā měitiān xuéxí liù ge xiǎoshí.
대학에 들어가기 위해서, 그녀는 매일 6시간씩 공부한다.

为了买矿泉水，我去超市。
Wèile mǎi kuàngquánshuǐ, wǒ qù chāoshì.
생수를 사기 위해서, 나는 슈퍼마켓에 간다.

어떤 내용을 먼저 말하면 '~是为了~'
의 형태가 됩니다.(我去超市，是为了
买矿泉水。)

2 让 ràng

「让」은 '~에게 ~을 시키다, ~하도록 하다'라는 뜻입니다.

老师不让孩子们吵闹。
Lǎoshī bú ràng háizimen chǎonào.

선생님은 아이들이 떠들지 못하게 하셨다.

妈妈不让我出去玩儿。
Māma bú ràng wǒ chūqù wánr.

엄마는 내가 나가서 놀지 못하게 하셨다.

不好意思，让你久等了。
Bù hǎo yìsi, ràng nǐ jiǔ děng le.

미안해, 오래 기다렸지.

让他好好儿休息吧。
Ràng tā hǎohāor xiūxi ba.

그를 좀 쉬게 두자.

生词

周末 zhōumò 주말
闷热 mēnrè 무덥다
数学 shùxué 수학
有意思 yǒu yìsi 재미있다
无聊 wúliáo 지루하다, 심심하다
票 piào 표

穿 chuān (옷, 신발 등을)입다
雨衣 yǔyī 비옷
幼儿园 yòu'éryuán 유치원
雨鞋 yǔxié 장화
考上 kǎoshàng (시험에)합격하다
矿泉水 kuàngquánshuǐ 생수

吵闹 chǎonào 말다툼하다
不好意思 bù hǎo yìsi 미안하다
久 jiǔ (시간이)길다, 오래다
好好儿 hǎohāor 잘, 충분히

1 대화를 잘 듣고 아래의 질문에 대답하세요.

❶ 阿龙有空的时候干什么?

ⓐ  ⓑ  ⓒ  ⓓ

❷ 阿龙一个星期玩儿几次电子游戏?

ⓐ 不能玩儿　　ⓑ 每天玩儿　　ⓒ 一次　　ⓓ 三次

❸ 美娜什么时候才能玩儿电子游戏?

ⓐ 星期一　　ⓑ 星期二　　ⓒ 星期四　　ⓓ 周末

2 잘 듣고 빈칸에 알맞은 말을 써 넣으세요.

❶

Ⓐ 最近我每天学习＿＿＿＿＿＿。

Ⓑ 为什么?

Ⓐ ＿＿＿＿考上＿＿＿＿。

❷

Ⓐ 你去＿＿＿＿?

Ⓑ 我去超市。

Ⓐ 为什么去超市?

Ⓑ ＿＿＿＿买＿＿＿＿。

참고

方便面
六个小时
大学
哪儿
为了

说话 말하기

빈칸에 목적이 될 수 있는 다양한 표현을 넣어서 「为了~」 문장을 연습합니다.

1 빈칸에 적절한 말을 넣어 문장을 완성해 보세요.

보기   安全   健康   准备考试   考上大学   锻炼身体

❶

为了 _____,
我每天学习三个小时。

❷

为了 _____,
我每天喝牛奶。

❸

为了 _____,
我每天早上做运动。

❹

为了 _____,
上车要系好安全带。

生词

安全 ānquán 안전
健康 jiànkāng 건강하다
准备 zhǔnbèi 준비하다

锻炼 duànliàn 단련하다
身体 shēntǐ 신체, 몸
上车 shàng chē 차를 타다

系安全带 jì ānquándài 안전벨트를 매다

11

唱歌 챈트

 55

干什么?

你有空儿的时候干什么?
Nǐ yǒu kòngr de shíhou gàn shénme?

有的时候上网, 有的时候看书。
Yǒu de shíhou shàng wǎng, yǒu de shíhou kàn shū.

周末你有空儿的时候干什么?
Zhōumò nǐ yǒu kòngr de shíhou gàn shénme?

有的时候学习, 有的时候做运动。
Yǒu de shíhou xuéxí, yǒu de shíhou zuò yùndòng.

너 시간 있을 때 뭐 해?
어떤 때는 인터넷하고, 어떤 때는 책 봐.

주말에 시간 있을 때 뭐 해?
어떤 때는 공부하고, 어떤 때는 운동을 해.

✻ 시간이 있을 때 하는 일을 바꾸어 불러 보세요.

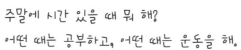

궁금해요, 인터넷 용어

사이트	网站	wǎngzhàn
이메일	电子邮件(伊妹儿)	diànzǐ yóujiàn(yīmèir)
이메일을 보내다	发(送电子) 邮件	fā(sòng diànzǐ) yóujiàn
이메일을 받다	收(到电子) 邮件	shōu(dào diànzǐ) yóujiàn
스팸메일	垃圾(电子) 邮件	lājī (diànzǐ) yóujiàn
아이디	用户名	yònghùmíng
비밀번호	密码	mìmǎ
로그인	登录	dēnglù
로그아웃	推出	tuìchū
컴퓨터 바이러스	电子病毒	diànnǎo bìngdú
백신 프로그램	杀毒软件	shādú ruǎnjiàn

11

✳ 중국 사이트를 방문해 보고 해당하는 단어들을 찾아 보세요. (예) www.baidu.com

我看了很多动物。

爸爸 bàba	昨天你去了动物园，是吧？ Zuótiān nǐ qù le dòngwùyuán, shì ba?
美娜 Měinà	是。我看了很多动物。 Shì. Wǒ kàn le hěn duō dòngwù.
	老虎、狮子、河马什么的。 Lǎohǔ、 shīzi、 hémǎ shénme de.
爸爸 bàba	好玩儿吗？ Hǎowánr ma?
美娜 Měinà	很好玩儿，我还拍了很多照片。 Hěn hǎowánr, wǒ hái pāi le hěn duō zhàopiàn.
爸爸 bàba	给我看看。 Gěi wǒ kànkan.
美娜 Měinà	好！爸，您等一下儿。 Hǎo! Bà, nín děng yíxiàr.

12

生词

动物 dòngwù 동물
老虎 lǎohǔ 호랑이
狮子 shīzi 사자
河马 hémǎ 하마
什么的 shénme de 등등
好玩儿 hǎowánr 재미있다
拍照片 pāi zhàopiàn 사진을 찍다
给 gěi ~에게
等 děng 기다리다

1 给我看看 Gěi wǒ kànkan.

「给我看看。」은 '나에게 좀 보여다오.'라는 뜻으로 「看看」은 「看」보다 뜻이 가벼워져서 '한번(좀) ~해 보다'라는 뜻입니다.

这件衣服怎么样?　 - 你试试吧。
Zhè jiàn yīfu zěnmeyàng?　　Nǐ shìshi ba.
이 옷 어때요? - 한번 입어 보세요.

我写了一篇文章, 你看看吧。
Wǒ xiěle yì piān wénzhāng, nǐ kànkan ba.
제가 글을 한 편 썼는데, 좀 봐 주세요.

我做了中国菜, 你尝尝吧。
Wǒ zuòle Zhōngguócài, nǐ chángchang ba.
중국 요리를 했는데, 맛 좀 보세요.

2 给 gěi

「给」는 '~에게'의 뜻으로 동작을 받는 대상이 됩니다.

下午你给我打电话。
Xiàwǔ nǐ gěi wǒ dǎ diànhuà.
오후에 나에게 전화해 줘.

你回国以后给我写信。
Nǐ huíguó yǐhòu gěi wǒ xiě xìn.
귀국한 후에 나에게 편지 해.

星期天爸爸给我们做饭。
Xīngqītiān bàba gěi wǒmen zuò fàn.
일요일에 아빠가 우리에게 밥을 해 주신다.

我给他发了电子邮件。
Wǒ gěi tā fāle diànzǐ yóujiàn.
나는 그에게 이메일을 보냈다.

生词

试试 shìshi 한번 ~해 보다
篇 piān 편(문학 작품을 세는 양사)
文章 wénzhāng 글

尝尝 chángchang 한번 맛보다
信 xìn 편지

  58

1 我看了很多动物。Wǒ kànle hěn duō dòngwù.

「我看了很多动物。」는 '저는 많은 동물들을 봤어요.'라는 뜻으로 「了」는 동사 뒤에 쓰여 과거의 뜻을 나타냅니다. 과거를 부정할 때는 동사 앞에 「不」가 아닌 「没(有)」를 붙입니다. 이때 동사 뒤의 「了」는 뺍니다.

拍了很多照片。
Pāile hěn duō zhàopiàn.
사진을 많이 찍었다.

买了一件衣服。
Mǎile yí jiàn yīfu.
옷 한 벌을 샀다.

看了中国电影。
Kànle Zhōngguó diànyǐng.
중국 영화를 봤다.

没(有)拍照片。
Méi(yǒu) pāi zhàopiàn.
사진을 안 찍었다.

没(有)买衣服。
Méi(yǒu) mǎi yīfu.
옷을 안 샀다.

没(有)看中国电影。
Méi(yǒu) kàn Zhōngguó diànyǐng.
중국 영화를 안 봤다.

12

2 你买了铅笔没有？ Nǐ mǎile qiānbǐ méiyǒu?

'동사 +了+ (목적어) + 没有?'의 형식으로 물을 수도 있습니다.

你买了铅笔没有？
Nǐ mǎile qiānbǐ méiyǒu?

너 연필 샀니?

你吃饭了没有？
Nǐ chīfàn le méiyǒu?

너 밥 먹었니?

你看了《哈利波特》没有？
Nǐ kànle Hālì bōtè méiyǒu?

너 해리포터 봤니?

生词
哈利波特 Hālì bōtè 해리포터

1 잘 듣고 빈칸에 들어갈 알맞은 말을 써 넣으세요.

보기   尝尝   听听   试试   看看

①

Ⓐ 我买了一件衣服。

Ⓑ _____。

②

Ⓐ 我学了中国歌。

Ⓑ _____。

③

Ⓐ 这是中国菜，_____。

Ⓑ 很好吃！

④

Ⓐ 这件衣服很好看。

Ⓑ _____。

说话 말하기

❀ 「了」의 용법을 익히고, 활용할 수 있도록 합니다. 아롱이의 일과 대신 각자 자신의 일과를 써 넣고 짝과 함께 묻고 답해 보세요.

1 아롱이의 일과입니다. 질문 리스트를 보고 서로 묻고 대답해 보세요.

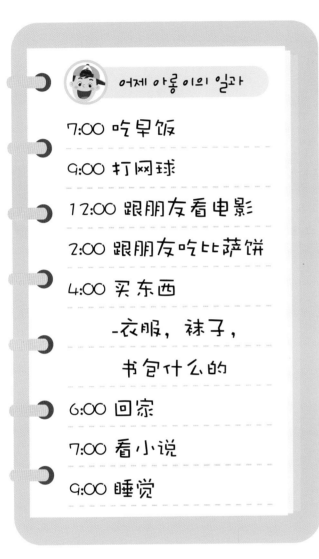

어제 아롱이의 일과

7:00 吃早饭

9:00 打网球

12:00 跟朋友看电影

2:00 跟朋友吃比萨饼

4:00 买东西

　　　-衣服，袜子，

　　　书包什么的

6:00 回家

7:00 看小说

9:00 睡觉

나의 일과

※ 질문 리스트

· 早上他做了什么?

· 昨天他看了电影没有?

· 昨天他吃了汉堡包没有?

· 昨天他买了什么?

· 回家以后看了电视没有?

· 他几点睡觉了?

2 아롱이가 어제 무엇을 했는지 이야기해 보세요.

  60

动物

猫头鹰
māotóuyīng
부엉이

秃鹫
tūjiù
독수리

鸵鸟
tuóniǎo
타조

狐狸
húli
여우

熊猫
xióngmāo
판다

长颈鹿
chángjǐnglù
기린

孔雀
kǒngquè
공작

大象
dàxiàng
코끼리

12간지

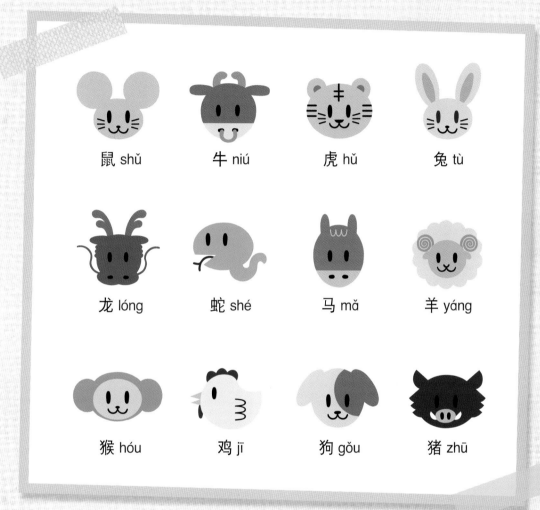

鼠 shǔ	牛 niú	虎 hǔ	兔 tù
龙 lóng	蛇 shé	马 mǎ	羊 yáng
猴 hóu	鸡 jī	狗 gǒu	猪 zhū

12

우리나라와 같이 중국에도 태어난 해를 나타내는 12 동물인 12간지가 있어요. 중국어로 띠를 물을 때는 '你属什么？(Nǐ shǔ shénme?)'라고 하고, '저는 ~띠예요'는 '我属〇。(Wǒ shǔ 〇.)'라고 해요. 중국인들은 남녀를 불문하고 많은 사람들의 손목에 빨간 팔찌를 하고 있는 모습을 볼 수 있어요. 자신의 띠가 돌아오는 해(本命年 běnmìngnián)에는 운이 나쁘고 좋지 않은 일이 생긴다고 믿기 때문에 나쁜 기운을 피하기 위해 몸에 붉은색을 지니는 거랍니다.

1 그림을 보고 빈칸을 채워 대화를 완성하세요.

힌트

过马路
旁边
在吗
怎么走
往前走
往右拐

❶ 美娜： 喂，你好！我是美娜。

英喜_____？

英喜： 我就是。

美娜： 英喜，你家_____？

英喜： 先往前走，到十字路口_____。

然后一直走十分钟就到。我家在邮局的_____。

❷ 美娜： 动物园离这儿远吗？

英喜： 不远。先一直_____，在银行往左拐。

然后_____就到。

2 빈칸에 알맞은 말을 써 넣으세요.

❶ 爸爸 ☐ 看书呢。

❷ 妈妈，我 ☐ 出去玩儿吗？

❸ 我喜欢巧克力，☐ 太甜。

❹ ☐ 买冰淇淋，我去超市。

❺ 我做了中国菜，你 ☐ 吧。

보기

可是
可以
尝尝
为了
正在

3 사다리를 따라가서 물음에 답해 보세요.

他们正在做什么呢？

爷爷正在 _____ 。
妈妈正在 _____ 。
哥哥正在 _____ 。
姐姐正在 _____ 。

做作业　　　做菜　　　睡觉　　　看电视

4 그림을 보고 빈칸에 알맞은 말을 써 넣으세요.   힌트 公分 块 岁

①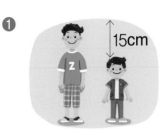

我比哥哥矮 ＿＿＿＿＿＿＿＿＿＿＿＿＿。

②

这个本子比那个本子贵 ＿＿＿＿＿＿＿＿＿＿＿＿＿。

③

哥哥比我大 ＿＿＿＿＿＿＿＿＿＿＿。

我14岁   哥哥19岁

5 그림을 보고 대화를 완성하세요.   힌트 能 不能 打

①

Ⓐ 你能不能帮我 ＿＿＿＿＿＿＿？

Ⓑ ＿＿＿＿＿＿＿, 没问题。

②

Ⓐ 你能不能来我家玩儿？

Ⓑ 我 ＿＿＿＿＿＿ 去你家玩儿。

Ⓐ 为什么？

Ⓑ 家里没有人, ＿＿＿＿＿＿ 出去。

6 그림을 보고 괄호 안의 단어를 사용하여 문장을 만드세요.

❶

（周末，有的时候～，有的时候～）

_____

❷

（昨天，跟～一起）

_____

❸

（为了，每天）

_____

❹

（没有，贵）

_____

1 你会游泳吗? 너 수영할 줄 아니?

해석 p.10

미나	너 수영할 줄 아니?
아롱	조금도 못해.
미나	그럼 너는 어떤 운동을 할 줄 알아?
아롱	나는 농구를 할 줄 알아.

듣기 정답 p.14

1.

① 阿龙会做菜。

阿龙会打篮球和踢足球。

阿龙不会打乒乓球。

② 妈妈会弹钢琴。

妈妈会跳芭蕾舞。

妈妈会说英语。

2.

말하기 정답 p.15

1.

A: 你会不会弹钢琴？

B: 会，很喜欢。

A: 你会不会下围棋？

B: 一点儿也不会。

2.

A: 你会做什么运动？

B: 我会打保龄球。

A: 你不会做什么运动？

B: 我不会踢足球。

2 你要做什么? 너 뭐 할 거니?

해석 p.18

아롱	수업 끝나고, 너 뭐 할 거니?
미나	나는 도서관에 갈 거야.
아롱	숙제하려고 그러는 거지, 맞지?
미나	응, 소설책도 한 권 빌릴 거야.

듣기 정답 p.22

1.

① ⓒ→ⓐ→ⓓ→ⓑ

② ⓐ→ⓑ→ⓓ→ⓒ

3 我想喝可乐。 나는 콜라를 마시고 싶어.

해석 p.26

미나	나 초콜릿 있는데, 먹을래?
아롱	먹고 싶지 않아, 나는 단 것을 좋아하지 않아.
미나	지금 뭐 먹고 싶니?
아롱	지금 목이 말라서, 콜라를 마시고 싶어.

듣기 정답 p.30

1.

①

○ ☐ ☐ ○

② 喜欢 甜的 辣的　不喜欢 咸的

2.

A: 我们一起打篮球吧。

B: 我不想打篮球。

A: 为什么？

B: 我不喜欢打篮球。

A: 那你现在<u>想做什么</u>？

B: 我想睡觉。

1.

① 弟弟不喜欢吃酸的。

② 阿龙不喜欢吃苦的。

③ 美娜喜欢吃甜的。

④ 妹妹不喜欢吃辣的。

2.

① 美娜很<u>累</u>。　　　　② 阿龙很<u>渴</u>。

　 美娜很想<u>休息</u>。　　　 阿龙很想<u>喝水</u>。

4 明天天气怎么样? 내일 날씨가 어때요?

미나　　엄마, 내일 날씨 어때요?

엄마　　내일? 내일 무슨 일 있니?

미나　　내일 봄소풍 가거든요.

엄마　　아! 걱정하지 마라.

　　　　일기예보에서 내일은 맑은 날씨라고 하더구나.

미나　　정말 잘됐네요!

1.

ⓐ　　　　ⓑ　　　　ⓒ

2.

ⓐ　　　　ⓑ　　　　ⓒ

5 请你帮我一下儿。 나 좀 도와줘.

미나　　아롱, 다음 주 금요일에 영어 시험이 있는데,

　　　　네가 좀 도와줬으면 해서.

아롱　　문제없어, 우리집에 와서 같이 공부하자.

미나　　고마워, 내일 내가 밥 살게.

아롱　　우린 친구잖아, 예의차릴 필요 없어.

1.

①

A: 金老师的手机号码是多少？

B: 13523660217。

A: 对不起，<u>请你再说一遍</u>。

②

A: 老师，今天有没有听写考试？

B: 今天有听写考试。

A: 考试的时候，<u>请你说慢一点儿</u>，

　 好吗？听写太难。

③

A: 星期四我有英语考试，<u>请你帮我一下儿</u>。

B: <u>不用担心</u>，我帮你的忙。

A: 谢谢，明天我请你吃饭。

1.

① 请多吃点儿。

② 请喝茶。

③ 请坐。

2.

①

A: 学校在哪儿？

B: 学校很近，<u>不用坐车</u>。

부록

②

A: 美娜还没回来。

B: 时间还很早嘛，<u>不用担心</u>。

6 你想去明洞，还是去仁寺洞?

명동에 가고 싶어 아니면 인사동에 가고 싶어?

해석   p.50

미나	일요일에 명동에 가고 싶어 아니면 인사동에 가고 싶어?
아롱	듣자 하니, 인사동에는 볼 것, 먹을 것, 놀것 이 많다고 하더라.
미나	우리 인사동에 가자.
아롱	일요일에 우리 언제 만날까?
미나	11시 어때?
아롱	좋아, 그럼 그렇게 정하자.

듣기 정답   p.54

1.

明洞 → 公共汽车 → 电影院 → 中国菜 → 买东西

2.

差一刻五点(四点四十五分/四点三刻)

말하기 정답   p.55

1.

① 听说，<u>明天是阿龙的生日。</u>

② 听说，<u>明天下雨。</u>

③ 听说，<u>下星期美娜出院。</u>

2.

A: 爸爸什么时候开始学英语？

B: 爸爸九月八号开始学英语。

A: 妈妈什么时候回国？

B: 妈妈九月三号回国。

A: 美娜什么时候跟阿龙看电影？

B: 九月十三号美娜跟阿龙看电影。

7 请问，地铁站怎么走?

실례합니다만, 지하철역은 어떻게 가죠?

해석   p.62

미나	실례합니다만, 지하철역은 어떻게 가죠?
아주머니	먼저 오른쪽으로 돈 다음 쭉 가거라.
미나	여기서 먼가요?
아주머니	멀지 않아, 5분이면 도착한단다.
미나	고맙습니다.
아주머니	고맙긴.

듣기 정답   p.66

1.

① 电影院

② 医院

말하기 정답   p.67

1.

①

先过一个马路，一直往前走到电影院往左拐，然后一直 走，走到公园往左拐，再过马路就是美娜家。

②

先过马路，往左走到邮局往右拐，一直往前走，美娜家 在公园的对面。

8 我可以进去吗? 나 들어가도 되니?

해석   p.70

미나	나 들어가도 되니?
아롱	응, 어서 들어와.

미나	지금 뭐하고 있어?
아롱	중국 만화영화 보고 있는 중이야.
미나	중국 만화영화? 나도 같이 봐도 돼?
아롱	물론이지, 와서 앉아.

듣기 정답　　　　　　　　　p.74

1.
①

②

③

④

말하기 정답　　　　　　　　p.75

1.

美娜: 你好！

阿龙: 你好！

美娜: 你在做什么呢？

阿龙: 我正在看书呢。

美娜: 你妹妹呢？

阿龙: 我妹妹在听音乐呢。

美娜: 你奶奶和妈妈在做什么？

阿龙: 她们正在看电视。

美娜: 你爸爸呢？

阿龙: 我爸爸正在做菜。

9 你弟弟比你高! 동생이 너보다 키가 크구나!

해석　　　　　　　　　　　p.78

아롱	이게 너희 가족 사진이니?
미나	응. 우리 아빠, 엄마, 그리고 남동생이야.
아롱	네 동생이 너보다 키가 크구나!
미나	맞아.
아롱	동생은 올해 몇 학년이야?
미나	초등학교 6학년이야, 나보다 두 살 어려.

듣기 정답　　　　　　　　　p.82

1.

①

②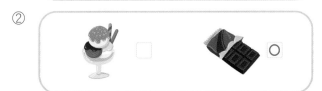

③

④

말하기 정답　　　　　　　　p.83

1.

①

昨天比明天冷。

明天没有昨天冷。

明天比昨天热。

②

爸爸比妈妈大。

妈妈没有爸爸大。

妈妈比爸爸小。

③

哥哥比我高。

我没有哥哥高。

我比哥哥矮。

10 你明天能不能来我家?

너 내일 우리집에 올 수 있니?

해석	p.86

미나	너 내일 오후에 우리집에 올 수 있니?
아롱	왜?
미나	너랑 같이 영어공부 하고 싶어서.
아롱	그런데 나 3시부터 5시까지 학원에 가.
미나	수업 끝나고 우리집에 오는 건 어때?
아롱	좋아.
미나	약속한 거다!

듣기 정답	p.90

1.

① ☐ 　 ○

② ☐ 　 ○

③ ☐ 　 ○

④  ○ 　 ☐

말하기 정답	p.91

1.

A: 美娜从下午1点到3点做什么？

B: 她从下午1点到3点做运动。

A: 美娜从下午3点到4点做什么？

B: 她从下午3点到4点在家休息。

A: 美娜从晚上8点到10点做什么？

B: 她从晚上8点到10点复习、上网。

11 你有空儿的时候干什么?

너 시간 있을 때 뭐 해?

해석	p.94

미나	넌 시간 있을 때 뭐해?
아롱	어떤 때는 인터넷을 하고, 어떤 때는 책을 봐.
미나	일주일에 몇 번이나 하는데?
아롱	난 토요일에만 인터넷 할 수 있어. 우리 엄마 가 인터넷 못 하게 해.
미나	엄마가 그렇게 하시는 건 다 너 잘되라고 그러 시는 거야.
아롱	나도 알아.

듣기 정답	p.98

1.

① ⓐ, ⓒ

② ⓑ

③ ⓓ

2.

①

A: 最近我每天学习六个小时。

B: 为什么？

A: 为了考上大学。

②

A: 你去哪儿？

B: 我去超市。

A: 为什么去超市？

B: 为了买方便面。

말하기 정답 p.99

1.

①

为了获得好成绩，我每天学习三个小时。

②

为了健康，我每天喝牛奶。

③

为了锻炼身体，我每天早上做运动。

④

为了安全，上车要系好安全带。

12 我看了很多动物。

많은 동물들을 봤어요.

해석 p.102

아빠	어제 너 동물원 갔었지, 그렇지?
미나	네. 많은 동물들을 봤어요.
	호랑이, 사자, 하마 등등이요.
아빠	재밌었니?
미나	너무 재밌었어요. 사진도 많이 찍었는 걸요.
아빠	나에게 좀 보여 다오.
미나	좋아요! 아빠, 잠시만 기다리세요.

듣기 정답 p.106

1.

①

A: 我买了一件衣服。

B: 给我看看。

②

A: 我学了中国歌。

B: 给我听听。

③

A: 这是中国菜，尝尝。

B: 很好吃！

④

A: 这件衣服很好看。

B: 你试试吧。

말하기 정답 p.107

1.

早上他做了什么？

→ 早上他吃了早饭。

昨天他看了电影没有？

→ 昨天他看了电影。

昨天他吃了汉堡包没有？

→ 昨天他没吃汉堡包，吃了比萨饼。

昨天他买了什么？

→ 昨天他买了衣服、袜子、书包。

回家以后看了电视没有？

→ 回家以后没看电视，看了小说。

他几点睡觉了？

→ 他九点睡觉了。

듣기 스크립트

1과 너 수영할 줄 아니? p14

1.

①

阿龙会不会做菜？

阿龙会做什么运动？

阿龙会打乒乓球吗？

②

妈妈会不会弹钢琴？

妈妈会跳芭蕾舞吗？

妈妈会说英语吗？

2.

A: 美娜，星期天我们打棒球吧！

B: 我不会打棒球。

A: 你会做什么运动？

B: 我会滑冰。

A: 我不会滑冰。

B: 那你会不会打羽毛球？

A: 我会！星期天我们打羽毛球吧。

2과 너 뭐 할 거니? p22

1.

A: 下课以后，你要做什么？

B: 我要去图书馆。

A: 你要做作业，对不对？

B: 对，我今天有很多作业。还要借一本书。

2.

A: 你要去书店，对不对？

B: 对，我要买一本小说。

A: 以后要去哪儿？

B: 我要回家吃方便面。

　吃方便面以后还要上网。

A: 今天也要玩儿电子游戏吗？

B: 对，今天也要玩儿电子游戏。

3과 나는 콜라를 마시고 싶어 p30

1.

A: 你饿不饿？

B: 我很饿。

A: 你想吃什么？

B: 我想吃面包和巧克力。

A: 巧克力？你喜欢吃甜的吗？

B: 我喜欢吃甜的。还喜欢吃辣的。

A: 咸的呢？

B: 我不喜欢吃咸的。

2.

A: 我们一起打篮球吧。

B: 我不想打篮球。

A: 为什么？

B: 我不喜欢打篮球。

A: 那你现在想做什么？

B: 我想睡觉。

4과 내일 날씨가 어때요? p38

1.

①

你好！天气预报！

今天星期一晴天。明天也是晴天。

星期三阴天。星期四下雪，星期五下雨。周末两天刮大风。

②

A: 现在世界各地的天气怎么样？

B: 现在中国晴天。美国下雪。日本阴天。

A: 别的国家呢？

120 부록

B: 英国下大雨。德国刮风。

5과 나 좀 도와줘. p46

1.

①

A: 金老师的手机号码是多少？

B: 13523660217。

A: 对不起，请你再说一遍。

②

A: 老师，今天有没有听写考试？

B: 今天有听写考试。

A: 考试的时候，请你说慢一点儿，好吗？听写太难。

③

A: 星期四我有英语考试，请你帮我一下儿。

B: 不用担心，我帮你的忙。

A: 谢谢，明天我请你吃饭。

6과

명동에 가고 싶어 아니면 인사동에 가고 싶어? p54

1.

A: 你想去仁寺洞，还是去明洞？

B: 我想去明洞。

A: 你想坐公共汽车，还是坐地铁？

B: 我想坐公共汽车。

A: 你想去书店，还是看电影，还是喝茶？

B: 我想看电影。

A: 你想吃中国菜，还是吃日本菜，还是吃韩国菜？

B: 我想吃中国菜。

A: 你想去网吧，还是买东西？

B: 我想买东西。

A: 你想几点见面？

B: 差一刻五点。

7과 실례합니다만, 지하철역은 어떻게 가죠? p66

1.

①

先往前走，到银行往右拐，然后一直走5分钟就到。

*她要去哪儿？

②

一直走，在十字路口过马路，再往前走十分钟就到。对面有邮局。

*他要去哪儿？

8과 나 들어가도 되니? p74

1.

①

A: 阿龙，明天你可不可以来我家玩儿？

B: 不行。明天我有事儿。

请问，明天阿龙可以去美娜家吗？

②

A: 你可不可以借给我词典？

B: 当然可以。

请问，妹妹可以借哥哥的词典吗？

③

A: 妈妈，我可以看电视吗？

B: 不行，爸爸正在睡觉呢。

请问，美娜可不可以看电视？

④

A: 美娜，你可以跟我去看电影吗？

B: 不行，作业很多。

请问，英喜可以跟美娜去看电影吗？

듣기 스크립트

9과 동생이 너보다 키가 크구나! p82

1.

①

狝猴桃比草莓好吃。

哪个更好吃？

②

冰淇淋没有巧克力甜。

哪个更甜？

③

摩托车比自行车快。

哪个更快？

④

足球没有乒乓球有意思。

哪个更有意思？

10과 너 내일 우리집에 올 수 있니? p90

1.

①

A: 美娜，你今天能不能来我家玩儿？

B: 家里没有人，不能出去。

请问，美娜能去朋友家吗？

②

A: 你能不能帮我打扫？

B: 妈，对不起。我今天作业太多，不能帮你。

请问，美娜能不能帮妈妈打扫？

③

A: 美娜，今天我们不能登山。

B: 为什么？

A: 昨天下了大雪，登山太危险。

请问，他们能不能登山？

④

A: 哥哥，你能教我数学吗？

B: 能，没问题。

请问，哥哥能教美娜数学吗？

11과 너 시간 있을 때 뭐 해? p98

1.

A: 阿龙，你有空儿的时候干什么？

B: 我有的时候出去玩儿，有的时候玩儿电子游戏。

A: 你一个星期玩儿几次电子游戏？

B: 我每天玩儿电子游戏。

A: 哇！我只有周末才能玩儿呢。

B: 为什么？

A: 我妈不让我玩儿电子游戏。

2.

①

A: 最近我每天学习六个小时。

B: 为什么？

A: 为了考上大学。

②

A: 你去哪儿？

B: 我去超市。

A: 为什么去超市？

B: 为了买方便面。

12과 많은 동물들을 봤어요. p106

1.

①

A: 我买了一件衣服。

B: 给我看看。

②

A: 我学了中国歌。

B: 给我听听。

③

A: 这是中国菜，尝尝。

B: 很好吃！

④

A: 这件衣服很好看。

B: 你试试吧

부록

종합문제 1~6과 정답 -------- p58-61

1.

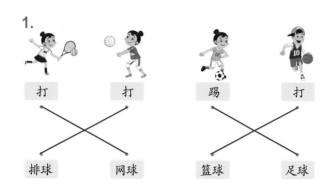

2.

① 滑雪

② 唱歌

③ 跳舞

④ 玩电子游戏

⑤ 做作业

⑥ 上课

3.

① 她要喝可乐。

② 她要吃比萨饼。

③ 她不想吃薯条。

④ 她要去书店。

⑤ 她不想去网吧。

⑥ 她要看电影。

4.

① 咸　　② 甜　　③ 苦

④ 辣　　⑤ 酸　　⑥ 油腻

5.

① 请你帮我<u>一下儿</u>。

② 学校很近，<u>不用坐车</u>。

③ 你去，<u>还是</u>他去？

④ 你什么<u>时候</u>睡觉？

⑤ 你喜欢中国菜，<u>对不对</u>？

6.

① 今天<u>下雪</u>。

② 今天<u>刮风</u>。

③ 今天<u>阴天</u>。

7.

① 你喝咖啡还是喝茶？

② 就这么定吧。

③ 听说，阿龙明天出院。

1.

①

美娜: 喂,你好！我是美娜。英喜<u>在</u>吗？

英喜: 我就是。

美娜: 英喜,你家<u>怎么走</u>？

英喜: 先往前走,到十字路口<u>往右拐</u>。然后一直走十分钟就到。我家在邮局的<u>旁边</u>。

②

美娜: 动物园离这儿远吗？

英喜: 不远。先一直<u>往前走</u>,在银行往左拐。然后<u>过马路</u>就到。

2.

① 爸爸<u>正在</u>看书呢。

② 妈妈,我<u>可以</u>出去玩儿吗？

③ 我喜欢巧克力,<u>可是</u>太甜。

④ <u>为了</u>买冰淇淋,我去超市。

⑤ 我做了中国菜,你<u>尝尝</u>吧。

3.

| 做作业 | 做菜 | 睡觉 | 看电视 |

爷爷正在<u>看电视</u>。

妈妈正在<u>做菜</u>。

哥哥正在<u>睡觉</u>。

姐姐正在<u>做作业</u>。

4.

① 我比哥哥矮<u>十五公分</u>。

② 这个本子比那个本子贵<u>五块</u>。

③ 哥哥比我大<u>五岁</u>。

5.

①

A: 你能不能帮我<u>打扫</u>？

B: <u>能</u>,没问题。

②

A: 你能不能来我家玩儿？

B: 我<u>不能</u>去你家玩儿。

A: 为什么？

B: 家里没有人,<u>不能</u>出去。

6.

① 周末我有的时候学习,有的时候做运动。

② 昨天我跟爸爸一起登山了。

③ 为了考上大学,我每天学习六个小时。

④ 这个本子没有那个本子贵。

부록

부록

색인

부록

색인 **129**

12과로 된 new 쑥쑥 주니어 중국어 2 메인북

개정2판1쇄 2022년 4월 25일

저자 한국외국어대학교 통역번역대학원 팀
         (박수제 박미경 조일신 서희승 전문정 홍혜율 김연수)
발행인 이기선
발행처 제이플러스
편집 윤현정
디자인 이지숙
삽화 전진희
등록번호 제10-1680호
등록일자 1998년 12월 9일
주소 서울시 마포구 월드컵로 31길 62
전화 영업부 02-332-8320 편집부 02-3142-2520
팩스 02-332-8321
홈페이지 www.jplus114.com

ISBN 979-11-5601-188-0

Memo

만들기

1과 -운동

카드를 잘라서, 뒤집어 놓습니다. 잘 섞어서 줄을 맞춰 펼쳐 놓은 다음 짝과 번갈아 가면서 한 번에 두 개씩 뒤집어서 어떤 운동인지 확인합니다. 뒤집은 두 개의 카드가 같은 것일 경우 "我会打网球!"처럼 외치면서 가져 가고, 다른 것일 경우 다시 뒤집어 놓습니다. 같은 짝을 많이 찾는 사람이 이기는 게임입니다.

만들기

1과 –지엔즈

두 번 접고 실선을 따라 오려서 "홍홍"를 만들어 보세요.

7과 –길찾기

선대로 오리고, 붙여서 말을 만드세요. 7과 말하기, 듣기 활동에서 길을 찾아 갈 때 활용하세요.

풀칠   풀칠

------------ 안으로 접는 선

— · — · — 밖으로 접는 선

——— 오리는 선

풀칠 풀칠

만들기

만들기

8과 - 몸으로 말해요

카드를 잘 섞어서 중간에 놓은 다음 카드를 뒤집어서 자신만 봅니다. 다른 사람이 "你在干什么?"라고 물으면 몸짓으로 무엇을 하고 있는 것인지 설명하고, 그것을 보고 "她在看书。"처럼 외치며 알아맞히는 게임입니다. 맞춘 사람이 그 카드를 가져가고, 돌아가면서 카드를 뒤집어 설명하도록 합니다. 카드를 많이 가져간 사람이 이기는 게임입니다.

───── 오리는 선

만들기

10과 -하루 일과

하루 일과표를 그리고, 몇 시부터 몇 시까지 무엇을 했는지 친구들에게 소개해 보세요.

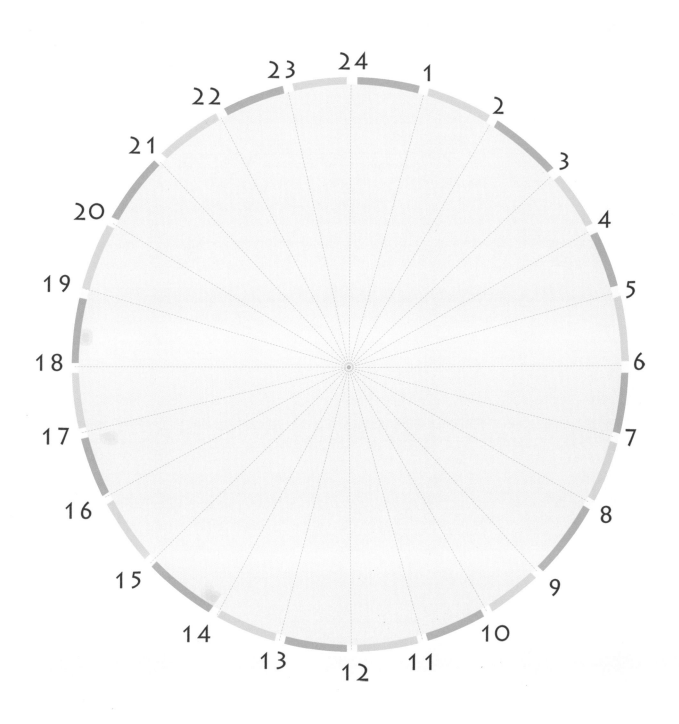

打网球

打棒球

打排球

踢足球

打乒乓球

打羽毛球

滑雪

滑冰

dǎ bàngqiú
야구를 하다

dǎ wǎngqiú
테니스를 치다

tī zúqiú
축구를 하다

dǎ páiqiú
배구를 하다

dǎ yǔmáoqiú
배드민턴을 치다

dǎ pīngpāngqiú
탁구를 치다

huábīng
스케이트를 타다

huáxuě
스키를 타다

酸

甜

苦

辣

咸

油腻

春天

夏天

tián

 달다

suān

 시다

là

 맵다

kǔ

 쓰다

yóunì

 기름지다

xián

 짜다

xiàtiān

 여름

chūntiān

 봄

秋天　　　　冬天

暖和　　　　热

凉快　　　　冷

晴天　　　　阴天

dōngtiān

겨울

qiūtiān

가을

rè

덥다

nuǎnhuo

따뜻하다

lěng

춥다

liángkuài

시원하다

yīntiān

흐리다

qíngtiān

맑다

下雨

下雪

有雾

刮风

前

后

左

右

xià xuě

눈이 오다

xià yǔ

비가 오다

guā fēng

바람 불다

yǒu wù

안개 끼다

hòu

뒤

qián

앞

yòu

우

zuǒ

좌

里

外

上

下

东

西

南

北

wài

밖

lǐ

안

xià

아래

shàng

위

xī

서

dōng

동

běi

북

nán

남

往

拐

对面

过

高-矮

大-小

贵-便宜

热-冷

guǎi
돌다

wǎng
~향하다

guò
건너다

duìmiàn
맞은편

dà-xiǎo
(나이)많다-적다

gāo-ǎi
(키) 크다-작다

rè-lěng
(날씨) 덥다-춥다

guì-piányi
(가격) 비싸다-싸다

起床

上课

吃饭

做运动

看电视

学习

复习

睡觉

shàng kè

수업하다

qǐchuáng

일어나다

zuò yùndòng

운동하다

chīfàn

밥을 먹다

xuéxí

공부하다

kàn diànshì

TV를 보다

shuìjiào

자다

fùxí

복습하다

动物

老虎

狮子

河马

大象

熊猫

长颈鹿

孔雀

lǎohǔ

 호랑이

dòngwù

 동물

hémǎ

 하마

shīzi

 사자

xióngmāo

 판다

dàxiàng

 코끼리

kǒngquè

 공작

chángjǐnglù

 기린